ダメな人間でも、生き延びるための
「本の効用」ベスト30

人生の
土台となる
読書

pha《ファ》

ダイヤモンド社

読書には、2つの種類がある。

「すぐに効く読書」と、
「ゆっくり効く読書」だ。

一見、すぐに効くほうがよさそうに思えるけれど、そうとは限らない。

時間はかかってしまうけれど、
遅れてじわじわと、しかし確実に大きく人生を変えてくれる——

そんな読書のやり方を紹介しようと思う。

「**すぐに効く読書**」の例は、仕事術やライフハックなどの実用書だ。
そういう本を読んだあとは、「自分も前向きに頑張ってみよう」という気持ちになる。
しかし、効果が薄れていくのも速い。
一瞬だけ元気になる栄養ドリンクみたいなものだ。

「**すぐに効く読書**」は、今の状況をちょっとだけ改善するのには有効だ。
しかし、大きく人生を変えるのには向いていない。

会話が苦手な人が会話術の本を読めば、少しは会話が得意になるかもしれない。だけど、会話がもともと得意な人にはかなわない。
それよりも、「会話が苦手なままで生きていくにはどうしたらいいいか」というふうに、根本的な生き方を変えたほうがいい場合がある。

根本的な生き方を変えるためには、「**ゆっくり効く読書**」が必要になってくる。

「**ゆっくり効く読書**」の例は、一見、実用性がなさそうな、小説やノンフィクションや学術書などだ。

「**すぐに効く読書**」が今まで知っている枠組みの中で役に立つものだとしたら、「**ゆっくり効く読書**」は、その枠組み自体を揺さぶって変えてくれるものだ。

- 今までに見たこともないような、新しい世界を教えてくれる読書
- 読む前と読んだあとで、価値観がガラッと変わってしまうような読書
- 人生の選択肢を増やして、今の状況からの脱出口を作ってくれる読書

この本で紹介しているのは、そういった読書だ。

「ゆっくり効く読書」は、すぐに効果は表れないけれど、読むことで自分の中に何かが一滴ずつ溜まっていって、少しずつ自分の人生を変えていく。

現代は物事の移り変わるスピードがものすごく速い。

新型コロナウイルスが流行する前と後で世界の様子がガラッと変わってしまったように、数年後がどうなっているかを予想することも難しい。

今の時代は、単に何かを知っているだけではすぐに時代遅れになってしまう。知識を詰め込むだけではなく、根本的に物事を考えるための価値観や枠組みを持つことが必要だ。

そして、根本的に物事を考えるための価値観や枠組みを手に入れるためには、**「すぐに効く読書」**ではなく「ゆっくり効く読書」が必要なのだ。

時代が変化しても価値を失わないような「知識や思考能力」。

世間の動きに流されずに、自分の考えを持って生きるための「自信」。

信じていいものと信じてはいけないものを見分けるための「バランス感覚」。

「ゆっくり効く読書」は、そんな人生の土台を得るための読書だ。


僕は、子どもの頃からずっと協調性がなかった。

人と話すのも苦手で、学校や会社にもうまく馴染めなくて、いつの間にか一般的な生き方のレールから外れてしまった。

だけど、それでも僕が独自のやり方で楽しく生きてこれたのは、すべて、本を読むのが好きだったからだ。

本が僕の人生を支えてくれた。もし、本がなかったら、僕の世界はすごく狭いままで、自分に自信も持てなくて、つまらない人生を送っていただろう。

この本では、僕が今までに影響を受けた本を紹介しながら、人生の土台となる読書のやり方について伝えていきたいと思う。

pha

序章　読書で「人生の土台」をつくる

1章 読書で「ロールモデル」を見つける

2章 読書で「世界を動かすルール」を知る

3章 読書で「日常の暮らし」をひっくり返す

4章 読書で「自分のこと」を誰よりも知る

序章

読書で「人生の土台」をつくる

01 人生を「本当に変えたい」から本を読む

本を読む人はみんな、多かれ少なかれ、自分の今の状況を何か変えたいと思っている人だ。

それは、退屈な時間をちょっと充実させたい、と思っているだけの人かもしれない。もしくは、毎日がつらくて、何とかして今の状況から抜け出したいと思っている人かもしれない。

「変えたい」という気持ちにはいろいろあるだろうけれど、何かを変えたいと思っていることは確かだ。

何も不満がない人は、本を読む必要はない。

読書というのは、どこにあるのかわからない現状からの抜け道を、手探りで探すような行為なのだ。

読書をすると、なぜ、世界を変えることができるのか。

その理由は、世界は言葉でできているからだ。

言葉でできた世界を変えるためには、別の言葉をぶつけるしかない。

◎「同調圧力」と戦うために

僕は10代の頃、学校も家も、あまり好きじゃなかった。

特にやりたいこともなく、居場所もなかった僕にとって、古本屋と図書館だけが落ち着く場所だった。

「どうやって生きていけばいいかわからない」と思いながら、ずっと本ばかり読んでいた。

当時の僕の心の中は、周りに対する不満ばかりだったけれど、かと言って、そんな自分に自信があるわけでもなかった。

周りにうまく馴染めない自分のほうが間違っているのかもしれない、とも思っていた。

そんな状況の中で、本だけが僕に寄り添ってくれた。


どうしようもないダメ人間の生き方を書いた本。

世間で言われている常識をひっくり返すような本。

見たことも聞いたこともない世界を見せてくれる本。

そんな本たちを読むことで、僕は少しずつ自分の世界を作り上げていったのだ。


読書は、周りの同調圧力と戦うのに役に立つ。

多くの人たちの中で自分だけが違う意見を持っているとき、たった一人で立ち向かっていくのはなかなか大変だ。

そんなとき、自分を守ってくれるのが本だ。

身の回りにいる人たちよりも、会ったこともない人が書いた本のほうが、自分のことを理解してくれている、ということがよくある。

読書はいつだって、孤独な人間の味方なのだ。

02 読書で「子どもの視点」を取り戻す

読書が世界を変える例として、短歌を少し紹介してみたい。

僕は穂村弘《ほむらひろし》の『短歌という爆弾』という本で、奥村晃作《おくむらこうさく》という歌人を知った。

奥村晃作の短歌は「ただごと歌」と呼ばれていて、とても当たり前のことを、当たり前に書いている。だけど、なぜか面白い。


次々に走り過ぎ行く自動車の運転する人みな前を向く　奥村晃作

そんなことは当たり前だ。当たり前すぎてわざわざ考えたこともなかった。

だけど、あらためて言われてみると、なんだかそれは面白いことのように感じる。

これは、世界を初めて見たときの、「子どものような視点」なのだと思う。

僕らは普段、いろんなものをちゃんと見ずに、自動的に処理している。日常で見るもの一つ一つについて疑問を持っていたら、まともな生活が送れないからだ。

だけど、その自動的な処理のせいで、本当は面白いことや、本当はよくないことを、気づかずにスルーしてしまっている。そのことに気づかせてくれるのが子どもの視点なのだ。

◎世の中に「疑問」を持ち続けるために

僕は、満員電車に乗るたびに奥村晃作の次の歌を思い出してしまう。

もし豚をかくの如くに詰め込みて電車走らば非難起こるべし　奥村晃作

言われてみれば確かにそうだ。豚をこんなにぎゅうぎゅうに詰めて運んだら「それはよくない」という声が上がりそうだ。

だけど、人間を異常な密度の満員電車で運ぶことは許されている。みんな「そういうものだから」と諦めて受け入れてしまっている。

でも、本当はもっと「おかしい」と思ってもいいはずなのだ。

人間は異常な状態にも、すぐに慣れてしまう生き物だ。

だけど、ときどき、「おかしいものはおかしい」と、ちゃんと思い出したほうがいい。

こんなふうに、読書は、普段慣れきって疑問を持たなくなっていることに、あらためて気づかせてくれる。

そしてその気づきが、世界を変えるきっかけになるのだ。

03 「知識を得ること」の本当の意味

本というのは、人生のシミュレーションツールみたいなものだ。

本を読むと、行ったことのない国や、普段関わることのない人の人生や、やったことのないような大失敗を、まるで自分で体験したかのように感じることができる。

人は本を読むことで、「自分がこういう状況になったらどうするか」ということを頭の中でシミュレーションする。

一度しかない人生を、本の中なら何千回も生きられる。

そして、その内容を、自分の人生に取り入れて生かすことができる。

本を読めば読むほど、人生の中での行動の選択肢が増える。

つまり、読書によって人生の自由度が上がっていくのだ。

◎今まで読んだ本でできている

僕は、本を読むことで「自分の人生を作ってきた」という自覚がある。引っ込み思案で人と話すのが苦手だった僕は、ほとんどの情報を本から得てきた。本は他人と違って、しゃべらないから怖くなかったのだ。

僕のほとんどは、今まで読んだ本でできていると言っても過言ではない。

この本では、僕が今までに読んで影響を受けてきた本を参考にしながら、ゆっくりと深く効いてくる読書について紹介していきたいと思う。

1章は、人生の「ロールモデル」を見つけるための読書について。

本を読んでいると、「この人のように生きてみたい」と憧れることがある。僕は本に出てくる人たちの生き方を参考にすることで、今までなんとか生きてこれた。そんなロールモデルになるような読書を紹介したい。

2章は、「世界を動かすルール」を教えてくれる読書について。

物事を考えるときは、「この世界はこういう仕組みで動いている」という世界観を持つ必要がある。知ることで生きることがラクになる、そんな新しい視点をインプットしてくれる読書を紹介していく。

3章は、「日常の暮らし」をひっくり返す読書について。

仕事、家族、食事など、日常の中で当たり前だと思っていたことが、実は当たり前ではなかったと気づかせてくれるのも本だ。普段の暮らしをゼロから見直すことで、よりよい毎日を送れるようになる読書を紹介していきたい。

4章は、「自分のこと」を誰よりも知るための読書について。

わかっているようで見えにくいのが自分自身のことだ。本を読むことで初めて、自分についてわかることがある。本は自分を映し出す鏡だ。そんなふうに、自分自身を見直すきっかけになるような読書を紹介したい。

たくさんの本を楽しく読むことで、自信を持って、自分らしく、自由に生きるやり方を探していこう。この本がその助けになればいいなと思う。

1章

読書で「ロールモデル」を見つける

04 自分と同じ「ダメさ」を持った人を見つける

成功した人の話を読むと、爽快でスカッとする。

だけど、自分もマネをして同じようにやってみようとしても、そんなに簡単にうまくはいかない。

たいていの人は、天才ではないし、すごい人間でもない。ダメな部分を抱えて、悩んだり失敗したりしているのが大多数の人間だ。

だから、本当に人生の参考になるのは、成功した人のことを書いた本ではなくて、たくさん失敗をしたことのある「ダメ人間」について書いた本だと思うのだ。

◎「ダメ人間の王様」に憧れて

どんなふうに生きていけばいいかわからなかった10代の頃、僕に大きな影響を与えたダメ人間は、中島《なかじま》らもだった。

その頃の僕は、学校にうまく馴染めないでいた。

みんなと同じように集団行動をすることがどうしても苦手だったし、みんなが興味を持っているものにまったく興味を持てなかった。

なんでこんなつまらない場所に毎日通わないといけないんだろう、と思っていた。

人生の参考になるような人は、周りに誰もいなかった。学校のクラスメイトも、親も教師も、誰とも話が通じなかった。

周りに合わせることができない自分は、この社会の中では少数派なのだと思ったけれど、そんな自分に向いている生き方というのは何なのかもまったくわからなくて、ずっと人生に迷っていた。

中島らもの本に出会ったのはそんなときだった。そこには僕の知らない世界があった。

中島らものエッセイや小説には、ロックやサブカル、文学や狂気など、普通の人には「不《ふ》謹慎《きんしん》だ」と眉をひそめられそうな要素が、そこら中に散りばめられていた。

それでいて、決して攻撃的ではなく、一般社会から外れたものたちへの優しいまなざしがあると感じた。

僕にとって中島らもは、ダメ人間の王様だった。

らもさん本人もお酒ばかり飲んでいたりしてかなりダメそうな人だったし、本に出てくる彼の友人たちには、バンドマンや劇団員、フリーライターや無職など、いわゆる「普通の社会人」ではない大人がたくさんいた。

「いい歳してもまっとうに生きていない、こんな人たちも社会の中にはいるんだ」と僕は衝撃を受けた。

そして希望を持った。

こんな感じなら、僕も生きていけるかもしれない。

彼や彼の仲間みたいに普通のまっとうな社会から外れて、変なものやいびつなものに囲まれながら、堂々と、ひょうひょうと生きていきたい、と強く憧れたのだ。

◎人には「欠落したところ」がある

中島らもはエッセイ、小説、人生相談、演劇など幅広いジャンルで膨大な著作を残している。

僕は10代の頃にそのほとんどを読んだ。その中でも一番好きだったのが、デビュー作である小説『頭の中がカユいんだ』だ。この作品は酒と睡眠薬を大量に飲んで、その勢いで4～5日くらいで書きあげたものだそうだ。

内容は、ほぼ私小説だ。

まだ会社員である中島らもらしき主人公が、ふらふらと街をさまよい歩いて、酒を浴びるように飲んだり、クラブで知り合った女の子とホテルに行ったり、酔っぱらいとストリートファイトをしたりする、というだけの話だ。

この小説にははっきりしたストーリーはない。だけど、至るところにまっとうな社会への反発や、酩酊《めいてい》や逸脱に対する愛情があふれていて、歪んでいるけどとても美しい世界が描かれている。僕はその世界に憧れたのだ。

『頭の中がカユいんだ』に出てくる次の文章は、彼の世界観を短くまとめて表していて、そして、僕の世界観にも大きく影響を与えた。

要するにみんなラリってる。ラリってる中で一番たちの悪いのは思想と宗教にラリっている奴だろう。

ああいうのは僕はこわい。目がすわっている。睡眠薬のほうがまだずっとマシだ。自分がラリっているのがわかっているからだ。

結局、人間はどっかにポッカリとばかでかい穴があいているのだ。何かで埋めなくてはいけない。埋められれば何でもいい。

『頭の中がカユいんだ』より

次の文章は、彼自身がアルコール依存症になった体験をモデルにした小説『今夜、すべてのバーで』からの引用だ。ここでも同じことが語られている。

「飲む人間は、どっちかが欠けてるんですよ。自分か、自分が向かい合ってる世界か。そのどちらかか両方かに大きく欠落してるものがあるんだ。それを埋めるパテを選びまちがったのがアル中なんですよ」

「そんなものは甘ったれた寝言だ」

「甘ったれてるのはわかってるんですが、だからあまり人に言うことじゃないとも思いますが、事実にはちがいないんです」

「欠けてない人間がこの世のどこにいる」

「それはそうです」

『今夜、すべてのバーで』より

人間はみんなどこかが欠けている欠陥品だ。

世間がいう「正しさ」なんてあやふやなものに過ぎない。

絶対に正しいものなんて存在しないこの世界の中で、人間は自分の中の欠落を埋めるために、正義や名誉、恋や酒など、自分を酔わせてくれるものを求め続けているだけなのだ。

らもさんの本からそうしたメッセージを受け取った僕は、「普通」にうまく馴染めない自分でも、自分なりのやり方で生きていけばいいのだ、という自信を持つことができたのだった。

◎自分を肯定してくれるもの

自分の中にあるダメな部分を肯定してくれるのは、いつも本だった。

周りの人間にはわかってもらえないような、自分の中の変で気持ち悪い部分も、本の中では普通のこととして語られていた。そういった文章を読むと、自分が肯定されているような気がして、生きる勇気をもらえた。

自分がダメすぎて、どう生きていったらいいかわからないようなときは、自分と同じようなダメな人間について書かれている本を探してみよう。

たとえば、もしお酒を飲みすぎて困っているとしたら、同じようにお酒を飲みすぎる人の本を探して読んでみるといい。

働くのが苦手だとしたら、そういう人の書いた本もたくさんある。

そうした本を読めば、

「こういうことで悩んでるのは自分だけじゃないんだ」

「普通じゃないかもしれないけど、こんな感じで生きていってもいいんだ」

と思うことができて、生きていくのがラクになるはずだ。

CHECK!

『頭の中がカユいんだ』（中島らも、集英社文庫）

「デビュー作にはその作家のすべてが詰まっている」とよく言われる。この作品にも、逸脱への欲求、ナンセンスな笑い、甘ったれたロマンチシズムなど、中島らものすべてが入っている。

MORE!

『失踪日記』（吾妻ひでお、イースト・プレス）

ポップな絵柄で描くホームレス生活。ダメ人間はみんな読むべき名作。続編の『アル中病棟』も参考になる。依存症を自力で抜け出すのは難しいので病院に行こう。

『ウルトラヘヴン』（小池桂一、KADOKAWA）

近未来を舞台に、最高の幻覚剤を追い求めるマンガ。圧倒的な画力で描かれる幻覚体験は、まさしく読むドラッグ。自動的な情報処理を停止させた「赤ん坊の脳」を体験しよう。

05 どんな難しいことも「簡単な言葉」で考えることができる

難しいことを難しい言葉で説明するのはそんなに難しくない。

本当に頭のいい人というのは、難しいことを簡単な言葉で説明することができる人のことだ。

僕はそのことを、橋本治《はしもとおさむ》から学んだ。

僕が文章を書くとき、できるだけやさしい言葉を使うようにしているのは、橋本治の影響が大きい。橋本治を読むまではずっと、難しいことを考えるには、難しい言葉を使ったり、難しい理論をたくさん知っていたりしないといけないと思っていた。

だけど橋本治は、簡単な言葉と、ごく普通の感覚だけを使って、どんな難しいことでも論じ切ってしまう。

衝撃的だった。そんなことができるとは思ってもみなかった。
どこかから借りてきた誰かの考えをそのまましゃべるのではなく、本当に自分の頭で考えるというのはどういうことかを、僕は橋本治に教えてもらったのだ。

◎「思考の道筋」を教えてくれる

橋本治の文章の特徴は、複雑なことを簡単な言葉で、粘り強く考え続けるところにある。
たとえば、こんな感じの文章を橋本治は書く。

「わからない」をスタート地点とすれば、「わかった」はゴールである。スタート地点とゴール地点を結ぶと、「道筋」が見える。「わかる」とは、実のところ、「わからない」と「わかった」の間を結ぶ道筋を、地図に書くことなのである。「わかる」ばかりを性急に求める人は、地図を見ない人である。常にガイドを求めて、「ゴールまで連れて行け」と命令する人である。

『「わからない」という方法』より

少しまどろっこしいと感じる人もいるかもしれない。だけど、これは思考の道筋をきちんと一つ一つたどっているからこんな文章になっているのだ。

橋本治はいつも、いきなり結論を述べて終わりにするのではなく、どういう道筋でその結論にたどり着くかという経緯を示してくれる。物事を考えるというのはどういうことかを、丁寧に読者に教えてくれているのだ。

そんな面倒なことをやっていたのは、読者に対して本当の意味で親切な人だったからなのだと思う。

◎「外の世界」への興味

僕が橋本治にハマったきっかけは、17歳のときに読んだ『恋愛論』という本だった。

その頃の僕はロクな恋愛経験もなく、誰かと付き合ったこともないし、異性と話すことすらほとんどないような状況だった。

だけど、それでも『恋愛論』で語られている恋愛の話は、ものすごく心に刺さったのだ。

はっきり言って、恋愛相手に出会えない人っていうのは、別に今恋愛なんかしなくたっていい人なんだもの。恋愛する理由も必要もないから、その人の前には〝恋愛相手〟なんていうものが出て来ないっていう、それだけなんだよね。

『恋愛論』より

この本は講演を元にした本なので、話し言葉で書かれている。1985年の本なので、口調は80年代風でちょっと時代を感じるけれど、内容は今でも古びていない。

恋愛というのは、自分の行先を指し示す一筋の光だ。そして、恋愛をした途端、自分の周囲が実は暗黒だったことに気づかされるという、そういう性質のものだ。


人は自分の今の環境に不満があるとき、そこから抜け出すための手がかりとして、誰かに恋をする。

思春期には、なぜみんな恋愛をするのだろうか。

子ども時代は家庭の中にいればそれで満足だった。

だけど、人は成長していくにつれて、家庭が与えてくれるものだけでは物足りなくなってくる。新しい自分の可能性を探そうとして、外の世界に興味を持つ。それが恋愛につながっていくのだ。

つまり、恋愛とは、人生で道に迷ったとき、新しい可能性が恋愛という皮をかぶってやってくる、というようなものなのだ。

こんなふうに、『恋愛論』では、恋愛についての考察が語られていく。途中からは、橋本治自身が中学生や高校生の頃に男の子に恋をした話に突入していく。これがまたすごくいいので……、ぜひ読んでみてほしい。

僕の今の恋愛観も、結局10代の頃に読んだ『恋愛論』の延長線上にあるような気がする。

◎粘り強く説明する姿勢

『恋愛論』をきっかけにして、僕は片っ端から橋本治の本を読んでいった。

橋本治はとにかくたくさんの本を出していて、著書は300冊くらいある。僕は一時期かなり読んだけれど、それでもまだまだ読んでいない本がある。

書いている内容も幅広い。

評論やエッセイのほかに、小説もたくさん書いている。枕草子や源氏物語、平家物語を現代風に書き直したりもしているし、歌舞伎や浄瑠璃などの江戸文化にも詳しい。政治や経済や社会についても語っている。

変わったところでは、セーターの編み方の本なんていうのも出していて、それは中のイラストも全部自分で描いている（橋本治はもともとイラストレーターだった）。

書けば書くほど、活動の幅が広すぎて何をやっている人なのかよくわからなくなる。だけど、どの本を読んでも橋本治のやっていることは一貫している。

それは、どんな物事に対しても、ややこしいことを簡単な言葉で粘り強く説明して、読者に自分の頭で考えるやり方を教えてくれている、というところだ。

橋本治は、そんな優しさと知性をあわせ持つ人だった。２０１９年に70歳で亡くなってしまったのだけど、早すぎる、と惜しく思う。

物事を考えるやり方を、僕は橋本治に学んだ。

本をたくさん読んでも、書いてあることを丸覚えするだけでは意味がない。

本の著者に学ぶべきことは、単なる知識ではなく、そこに至るまでの考え方や姿勢なのだ。

物の見方や考え方など、自分が何かを考えるときの基礎になるやり方を学べる本を探してみよう。

そうした本に出会うことができれば、人生で問題に突き当たったときに、きっと役に立つはずだ。


CHECK!

『恋愛論　完全版』（橋本治、文庫ぎんが堂）
この本では、男である橋本治が男に恋をする話が出てくる。そうした個人的背景が、社会全体を外側から観察するような独自の視点を育んだのかもしれない。語られている恋愛はとても美しい。

MORE!

『巡礼』（橋本治、新潮文庫）

ゴミ屋敷に住む老人は、なぜそうなってしまったのか。変わり続けてきた日本社会と、その中で生きてきた彼の人生に寄り添いながら、丁寧に心情を解き明かしていく小説。

『「三島由紀夫」とはなにものだったのか』（橋本治、新潮文庫）

なぜ三島由紀夫は最後の長編である『豊饒の海』を書き上げたあと、割腹自殺をしなければならなかったのか。僕はこの本をきっかけにして三島を読み始めた。『午後の曳航』が短くておすすめ。

06 いい読書はアイデンティティを奪うほど嫉妬させる

共感しすぎて嫉妬《しっと》してしまう。

本を読んでいると、ときどきそんな気持ちになることがある。

本というのは自分の思っていたことを、自分よりも上手に表現していることがあるからだ。

僕にとっては穂村弘の『世界音痴』がそんな嫉妬本だった。

『世界音痴』は、39歳独身、総務課長代理の穂村弘が、「飲み会が苦手だ」とか「人前で自然にふるまえない」といった、世の中のみんなが普通にやっていることに対しての違和感について語ったエッセイ集だ。

この本を読んだとき、「ずるい」と強く思った。

世界への違和感なんて僕だって生まれたときからずっと持っている。なのに、どうしてこの本を書いたのは僕でなく穂村弘なんだろう。

僕の思っていることを、僕より上手に、僕よりも面白く書かれてしまったら、僕みたいな凡人はいったいどうしたらいいいんだ。

世界にうまく適応できないダメ人間であることをアイデンティティにしていた僕は、そのアイデンティティを奪われたような気持ちになってしまったのだ。

◎ みんなと同じようにできない

穂村弘は、飲み会が苦手だと語る。

右に座った人と左に座った人。その2人とバランスよく「自然に」話す、ということができないからだ。

盛り上がってくるとみんなは「自然に」席を移動し始めて、新しい話の輪を作ったりするけれど、それもうまくできない。

みんなのようにやればいいんだと思っても、トイレに立ったひとの席に自分が座ってしまうと、何かおそろしいことが起きるような気がして体が動かない。なぜなら、私だけは「自然に」それができないからだ。

『世界音痴』より

この気持ちはすごくわかる。僕も同じ理由で飲み会は苦手だ。

自由に楽しむだけの飲み会にも見えないルールがあるのだけど、みんなが（酔っぱらいでさえ）「自然に」把握しているそれが、「自分にはまったくわからない」と穂村さんは言う。

「人生の経験値」という章では、みんなが人生でやっていることを、自分はまったくやっていない、という話が語られる。

穂村さんは新しいものを怖がる性格なので、ずっと同じ日常を繰り返していて、新しい体験がほとんどないそうなのだ。

これもわかる。僕も度胸はないほうなので、何か新しいことをしなければいけないときには、いつもびくびくしてしまう。

だけど、本に載っている「人生のチェックリスト」を見て、負けた、と僕は思った。

◎「未経験」の強さ

39歳の穂村弘は、一人暮らしも結婚もしたことがない。

ずっと実家に住んでいるので、料理も洗濯もやったことがない。骨折も手術も海外旅行も選挙の投票も髪型を変えることも未経験だ。

それに比べて、僕は一人暮らしも料理も洗濯もしたことがある。投票も海外旅行も髪型を変えることも、ギターの弾き語りや一人キャンプや寮生活なんてものも経験済みだ。

ひょっとして、穂村弘はいろいろなことが未経験だからこそ、こんなに面白い文章を書けるようになったのだろうか。

僕はそんなにやりたくないことを、「やったほうがいいのではないか」という世間のプレッシャーに負けてやってしまった、中途半端な人間だったのかもしれない。

余計なことをやらずに自分の道を貫き通した穂村さんは、その代償として、こんなに面白い文章を書く能力を手に入れたのだ。

僕だって、本当にいちばんやりたかったことは、面白い文章を書くことだったのだ。無理にいろいろなことを経験しなければ、穂村弘のようになれたのかもしれない。

そんな後悔にとらわれてしまうほど、面白いエッセイだったのだ。

◎「現実が苦手」だからできること

穂村弘は1962年札幌生まれの歌人だ。28歳のときに歌集『シンジケート』でデビュー。初のエッセイ集である『世界音痴』を出版したのは39歳のときだ。

僕は大学生のときに穂村弘の短歌を初めて読んで、衝撃を受けた。短歌ってこんなに面白いものだったのか、と思った。

それまで僕が抱いていた短歌に対するイメージは、なんか夕暮れとか台所とか人生とかについて、しみじみとしたことを詠んでいる、という地味なものだった。

だけど、穂村弘の短歌はまったく違った。とてもポップでカラフルで、ガチャガチャとしていて楽しそうだったのだ。

卵産む海亀の背に飛び乗って手榴弾のピン抜けば朝焼け

『シンジケート』より

生まれたての仔猫の青い目のなかでぴちぴち跳ねている寄生虫

『ラインマーカーズ』より

穂村弘の短歌には生活感や現実感がまったくない。すべてはプラスチックでできた作り物のようにキラキラとしている。

それは、穂村弘のエッセイが、現実世界への違和感をずっと語り続けていることと、対応している。

穂村弘は現実が徹底的に苦手だったからこそ、言葉によってこんなにも面白い世界を作り出すことができたのだ。

◎「制約」が人を自由にする

短歌の入門書として書かれた『短歌という爆弾』では、穂村弘が、短歌という形式に出会うことで、自分を表現できるようになった経緯が語られている。

臆病な上に自意識ばかりが過剰だった若い頃の穂村弘は、自由に文章を書いてくださいと言われると、何を書いたらいいのかわからなくなってしまって、何も書けなかった。だけど、五・七・五・七・七という音数の制約のある短歌の中では、言葉を組み立てることができたらしい。

制約が人を自由にするということがある。完全な自由の中では、人は逆に何をやっていいのかわからなくなるからだ。

短歌というのは、言葉によってこの現実の見え方を変化させようとする呪文だ。

それは小説家が小説によって現実とは別の世界を作り出すのとは少し違う。小説家は、小説は小説、現実は現実、というのをちゃんと区別している。

だけど短歌は、小説のように現実とは別の世界を作るのではない。

自分が生きているこのつまらない現実の解釈を、直接書き換えてしまおうという大それた祈り、それが短歌だ。


授業中、いつものように歌を作って、それを書きつけたカードの束をトントンと揃えていると、ぼんやりと湧きあがってくる感覚があった。あれはまちがいだった。あれはまちがいだった。世界を変えるための呪文を本屋で探そうとしたのはまちがいだった。どこかの誰かが作った呪文を求めたのはまちがいだった。僕は僕だけの、自分専用の呪文を作らなくては駄目だ。

『短歌という爆弾』より

そして、短歌の中には葛藤《かっとう》がない。

短歌は「自分はこれをこう見てこう感じた」というのを主張するだけだ。それは自分が見たものや自分の感情を肯定することで、つまりは自己肯定の作業だ。

自分への疑いがない分、小説を書くことよりも短歌を詠むことのほうが、自己中心的で不遜《ふそん》な行為なんじゃないかと思うことがある。

◎「ありきたりじゃない人生」を生きるために

世間の流れに影響されずに自分の感覚を追求し続けることで、こんなに面白い世界を作り出せるのだ、ということを僕に教えてくれたのが穂村弘の本だった。

誰かのマネをして他の人と同じようなことをしても、どこかにあるありきたりのものしか生まれてこない。

自分だけの感覚を大事にして、自分の世界を追求してみよう。

自分らしい人生というのは、そうやって作っていくしかないのだ。

CHECK!

『世界音痴』（穂村弘、小学館文庫）
穂村さんは、自分は軟弱で優柔不断で、女の子を目の前にするとどうしたらいいかわからないしダメだ、と言っているけど、実際はめっちゃモテたと思う。ズルい。

『短歌という爆弾』（穂村弘、小学館文庫）
文章を書けなかった穂村さんが短歌なら作れたように、ジャンルを変えてみると何かができるようになる、ということがある。僕は大学生の頃にこの本を読んで、一時期熱心に短歌を作っていた。

MORE!

『しびれる短歌』（東直子、穂村弘、ちくまプリマー新書）
歌人の二人が「恋」「お金」などのテーマに沿って、対談形式で短歌を紹介していく本。短歌ばかりが並んでいる歌集より、解説も入っている本のほうが読みやすい。

『「坊っちゃん」の時代　3　かの蒼空に』（谷口ジロー、関川夏央、双葉社）
石川啄木が主人公のマンガ。短歌でダメ人間といえば元祖は啄木だ。借金まみれで女好きな啄木は、26歳で結核で亡くなってしまったけれど、その歌は今も世に残り続けている。

07 心の中を「率直に書く人」は強い

言葉の中では「率直な言葉」がいちばん強い。

だけど、思ったことを率直に出すのはなかなか難しい。

率直な言葉を吐くには、心の強さが必要だからだ。

心が弱いと、「思ったことをそのまま言ったらバカにされるかもしれない」と弱気になってしまったりする。

自分が間違っていたときのことを恐れて、曖昧に言葉を濁《にご》してしまったりもする。

率直に言ったら面倒くさいことになるかもしれない、と思って、言いたいことを言わずに逃げてしまうときもある。

そうした心の弱さを乗り越えないと、率直な言葉というのは出せないのだ。

◎ネガティブなことを正直に

僕が率直な言葉のお手本にしたい、と思っているのが、写真家・植本一子《うえもといちこ》の日記『かなわない』だ。

初めてこの本を読んだとき、

「日常を綴っただけの日記なのに、なんでこんなにドラマティックで面白いんだろう……」

と感心した。

植本さんは、夫と2人の子どもと暮らしている。23歳年上の夫は、ラッパーとして知られるECDだ。

『かなわない』の前半は、家族との生活が描写される。普通の生活なのだけど、読み始めるとついずっと読み続けてしまう魅力がある。日常を観察する力が高いので、植本さんの生活空間に引き込まれてしまうのだ。

夫にイライラして、ツイッターに「絶対離婚してやる」と書き込んだ、とか、言うことを聞かない子どもに対してキレて当たってしまったとか。

そうしたネガティブなことも正直に書いているところに、強い魅力を感じる。

そして後半に出てくる「こんなことまで書き始めて。私は誰に何を知ってほしいと思っているのだろうか」という文章以降は、植本さんが精神的な不安定さを解決したくてカウンセリングや心療内科に通う話や、家庭の外に好きな人ができたという話が語られていく。好きな人ができたことを夫に打ち明けて、「離婚したい」と伝える。しかし、夫は「子どものためには離婚しないほうがいい」と言う。

植本さんは、「家族とは一体なんだろう」ということに悩んで、自分の心の中を掘り下げていく。


理想の家族像。私の理想の家族像はなんだったんだろう。こんなにも苦しめられていたもの。結婚したら好きな人は出来てはいけない、出来ないものだと思っていた。

『かなわない』より

子どもにイライラして当たってしまう話や、家庭の外に好きな人ができた話は、人には言いにくいことだ。

しかし、現実の人生というのは、理想どおりに行くものじゃない。世間には非難されるようなことが、人生の中では起こりうるものだ。

植本さんはそんな自分の心の中を正直に見つめて、ごまかさずにまっすぐ書いていく。

◎「自分だけ」じゃなかったんだ

悩みを率直に書いた文章は、同じような悩みを持つ人を救ってくれる。

読んだ人が、「こんなふうに思ってもよかったんだ」とか「自分だけじゃなかったんだ」という気持ちになるからだ。

また、この本の面白さは、日記という形式の良さもある。

日記というのは、基本的に自分のために自分のことを書くものだ。それは人に見せることを前提として書かれた日記でも変わらない。

日記には、誰かに向けて書く文章やメールには出てこない「率直なその人の姿」が出てくる。

だから僕は、人の日記を読むのが好きだ。

◎「自分に都合のいい文章」は弱い

植本さんの文章の良さは、「率直にごまかさず書いている」という点と、もう一つ「周りの状況や自分の感情をきちんと観察している」という点にある。

何か物事を変えるためには、状況を正確に見ることが大切だ。

これも簡単なようで難しい。

心の弱さがあると、見なきゃいけない部分を見て見ぬフリしたり、自分の都合のいい部分だけを見てしまったりするからだ。

素直な目線で物事を見て、率直な言葉で表現する。いつだって大事なのはその2つだけなのだ。

MORE! CHECK!

『かなわない』（植本一子、タバブックス）

「すべての期待を裏切る一大叙情詩」というコピーがいい。植本さんの日記はこのあとも続けて出版されていて、夫であるＥＣＤの闘病や死についてが語られている。

『失点・イン・ザ・パーク』（ＥＣＤ、太田出版）

ＥＣＤが植本さんと出会う前のことを書いた自伝的小説。硬派な文体がいい。自分の感じたリアルなことだけを赤裸々に書くところが、植本さんと似ていると思った。

『たましいの場所』（早川義夫、ちくま文庫）

早川義夫の文章を読むたび、そして歌を聴くたび、人はこんなに正直になっていいのかと思う。情けないことも恥ずかしいことも全部そのまま言葉に出していて、そのあり方がカッコいい。

08

「挫折した話」「負けた話」こそ、教科書になる

人が挫折する話を読むのが好きだ。

ニュースや映画などでは、勝った人間の話ばかりが取り上げられる。

だけど、その1人の勝者の裏には、負けて悔しい思いをしている人がたくさんいるはずだ。

僕は、そちらのほうに興味が湧く。

努力をしていた人間が勝つのは、ベタすぎてあまり深みがない。

「努力をしてきたにもかかわらず、勝てなかった」。これが人生だと思う。

生きるというのは大体、挫折をすることだ。

勝ちよりも負けのほうにこそ、人間の複雑で深い感情が表れるものだし、勝つことより

も負けることのほうが、人間を成長させる。

ずっと勝ってばかりで挫折を経験していない人間とは、あまり仲良くなりたくないなと思う。

◎表舞台には出てこない話

僕は将棋観戦が趣味で、ヒマなときはプロ棋士の将棋の対局をよく見ている。

棋士について書かれた本は、だいたい面白い。

それは、シビアな勝負の世界の話が描かれているからだ。

そして、藤井聡太《ふじいそうた》のような圧倒的にすごい才能の持ち主の話も、もちろん面白いけれど、そうした天才たちになれなかった敗者たちの話に、僕は心が惹かれる。

大崎善生《おおさきよしお》の『将棋の子』は、プロ棋士になれなかった者たちを描いたノンフィクション書だ。

将棋の世界では、地元で天才や神童と呼ばれた子どもたちが、全国から奨励会という組織に集められて競い合う。そして、そこで勝ち残った一握りだけがプロ棋士になれる。

奨励会に入るような子どもは全員ものすごく頭がいい子ばかりだ。

しかし、みんな子どもの頃から将棋だけに打ち込んできたので、将棋以外の社会経験をほとんど持たずに育つ。

そんな人たちが20代後半になって突然、「職歴のない無職」として社会に放り出されるのだ。『将棋の子』はそんな彼らのその後の人生に焦点を当てる。

僕らは普段、華々しく活躍しているプロ棋士しか目にすることがない。

「プロを目指していたけどなれなかった人たち」は、表舞台には出てこない。

彼らは、一体、その後どのような人生を歩んでいるのだろうか。

◎勝者の世界は「狭すぎる」

奨励会を去った者たちのその後の進路は、いろいろなケースがある。

不動産会社、パチンコ屋、古新聞回収業……。司法書士になることを目指す人、世界放浪の旅に出る人、アマチュアとして将棋に関わり続ける人もいるし、将棋とは一切関わりを持たなくなる人もいる。

プロ棋士になるという彼らの夢は叶わなかった。では、彼らにとって将棋は、まったく意味のないものだったのだろうか。

奨励会を退会したあと、生まれ故郷の北海道で暮らす成田《なりた》英二《えいじ》は次のように言う。

「将棋がね、今でも自分に自信を与えてくれているんだ。こっち、もう15年も将棋指していないけど、でもそれを子供のころから夢中になってやって、大人にもほとんど負けなくて、それがね、そのことがね、自分に自信をくれているんだ。こっちお金もないし仕事もないし、家族もいないし、今はなんにもないけれど、でも将棋が強かった。それはね、きっと誰にも簡単には負けないくらいに強かった。そうでしょう？」

『将棋の子』より

勝者なんて、世界の中でごく一部だ。

勝者になることしか意味がないのだったら、世界のほとんどの人が生きている意味がなくなってしまう。

著者の大崎さんが語る、次の言葉が胸に響く。


アマであろうとプロであろうと奨励会員であろうと、将棋はそれをやるものに何かを与え続けるばかりで、決して何も奪うことはない。

『将棋の子』より

たとえ勝者になれなかったとしても、ある時期にすべてを捧げて真剣に打ち込んだことに、価値がないわけはない。

これは将棋に限らず、何かに打ち込んだ人すべてに当てはまることだ。

挫折をしたけれど、それでも強く生きている人のことを書いた本を読んでみよう。

その読書体験は、自分が何かに行き詰まったとき、きっと力になってくれるはずだ。

CHECK!

『将棋の子』（大崎善生、講談社文庫）

僕は人と競うことが苦手で、そういう勝負の世界とは距離を取っているけれど、読み物として読むのは好きだ。同じ著者が夭折した天才棋士・村山聖を描いた『聖の青春』（角川文庫）もいい。

MORE!

『真剣師 小池重明』（団鬼六、幻冬舎アウトロー文庫）

「新宿の殺し屋」と呼ばれ、鬼のように将棋が強かったけど、素行が悪すぎてプロになれなかった昭和の真剣師・小池重明。その破滅的な生き方に惹きつけられてしまう。

『うつ病九段』（先崎学、文春文庫）

エッセイの名手として知られる先崎九段がうつ病になったときの話。うつの中にいると、普段は1秒で解ける詰将棋が10分考えても解けなかった、という話がリアル。

09

何事も「ユーモア」で受け流す姿勢

生きていると、つらい出来事がときどき起きる。そんなときは、どうしたらいいのだろうか。

前向きに頑張ってつらさを乗り越えるべきだろうか。頑張って何とかなりそうな問題ならそれでいいだろう。だけど、努力ではどうしようもできない場合もある。

そんな、どう対処したらいいかわからないことへの向き合い方を教えてくれるのも、読書だ。

◎すべて「笑ってしまえる」

『ここは、おしまいの地』は、作家のこだまさんが子どもの頃から現在までのことを振り返ったエッセイだ。

私はヤンキーと百姓が九割を占める集落で生まれ育った。
芸術や文化といった洗練されたものがまるで見当たらない最果ての土地だった。

『ここは、おしまいの地』より

そんな「おしまいの地」から始まる話が語られていくのだけど、全体的に暗い話が多い。実家には泥棒が入るし、おじいちゃんは車にはねられる。中学生のときには、全然好きではない金髪のヤンキーと付き合った結果、クラスメイトたちから嫌がらせをされるようになる。

大学を卒業したあとに教師になるものの、学級崩壊で精神を病んで辞めてしまう。

引越した家は異常に臭い。

持病で入院して、「今のあなたは転んだだけで死にます」と言われたりもする。

そんなつらそうな話ばかりが語られているのだけど、こだまさんの文章のすごいところは、暗くてつらい話でも文章に淡々としたユーモアがあって、読んでいると思わず笑ってしまう、というところだ。

◎斜めから現実を見る

ユーモアというのは、現実に立ち向かうための武器だ。

何かつらいことがあったときに、怒って正面から戦う、というのも一つの選択肢だ。しかし、怒るのではなく、「ちょっと視点をずらしてユーモアをかぶせる」というのも、立ち向かい方のひとつだ。

こだまさんは、ユーモアでつらい出来事を受け流す達人だと思う。

こだまさんがそんな力を身につけたのは、あまり良いことのない「おしまいの地」で自分の心を満たすために、子どもの頃からずっと日記を書いていたからなのだろう。

書くことや読むことは、現実から少し距離を取ったり、斜めの視点から現実を見たりすることの助けになるのだ。

◎苦しみに立ち向かえる本

こだまさんの本を読んで思い出したのが、ヴィクトール・E・フランクルの『夜と霧』という本だ。

この本は、第二次世界大戦中、ユダヤ人の精神分析学者である筆者がナチスの強制収容所に収容されたときのことを書いたものだ。

人間が物のように扱われ、いともたやすく殺されていく強制収容所の中で、フランクルは、人間とは何か、生きるとは何かを考察していく。

その中で、

ユーモアも自分を見失わないための魂の武器だ。ユーモアとは、知られているように、ほんの数秒でも、周囲から距離をとり、状況に打ちひしがれないために、人間という存在にそなわっているなにかなのだ。

『夜と霧』より

という一節がある。

強制収容所の中では、ユーモアとか空想とかそういったものを保っている人間ほど長く生存できた、とフランクルは語る。自分の中にそうした拠《よ》りどころを持たない人間は、すぐに絶望して死んでいってしまったらしい。

こだまさんの本にも、それと同じような、苦しみに立ち向かうたくましさを感じる。

つらい状況に対して、怒るのでもなく嘆くのでもなく、少しずらして距離を取る。

こういう立ち向かい方があるんだ、と勉強になる。

つらい出来事に出会ったときに、どんな姿勢で立ち向かえばいいか。

そのロールモデルになるような人を探してみよう。

苦しい状況になったとき、その読書体験が自分を助けてくれるはずだ。

CHECK!

『ここは、おしまいの地』（こだま、講談社文庫）

情報誌の編集部で働いているとき、「アメリカが攻めてくるぞいっ！　備えは良いかっ！」という電話を何度もかけてくる、「アメリカさん」というおじさんがいた話が好き。

『夜と霧』（ヴィクトール・E・フランクル著、池田香代子訳、みすず書房）

強制収容所という地獄のような環境も、人間が作り出したものだと思うと、人間って一体何なんだろう、という気持ちになってしまう。つらい……。

MORE!

『夫のちんぽが入らない』（こだま、講談社文庫）

世の中の「普通」にうまくハマれなかった夫婦の話。身を切るような内容だけど、こだまさんの文章はどんなときでも静かで美しい。

10 「社会の外側」を知っておくと、心のお守りになる

読書は、当たり前だと思っていた常識を疑うきっかけになる。

たとえば、僕は生活の中で「なんでこんなに家賃は高いんだろう……」ということをよく考える。

普段は、「こういうものだからしかたない」と諦めている。

だけど、ときどき「本当にそうなのだろうか?」と根本的に考えてみたくなることがある。

僕らが生活の中で「当たり前だ」「しかたない」と思っていることは、どこまで本当にそうなんだろうか。

いったん、すべてをリセットして、「自分が生きるのに本当の本当に必要なものは何な

のか?」ということを、ゼロから考えてみてもいいんじゃないだろうか。

そんな気持ちになる本を紹介したい。

◎生活をゼロから考える

ハンドルネーム「寝太郎」こと高村友也《たかむらともや》の本、『自作の小屋で暮らそう――Bライフの愉しみ』は、家賃に縛られずに生きる方法として、小屋暮らしを提案する本だ。

高村さんは、安い土地を買い、小屋を建てて住む暮らしのことを「Bライフ」と名付けている。

Bライフの「B」はベーシック(必要最低限)の「B」であり、バラックの「B」であり、ベイビッシュ(幼稚な)の「B」らしい。

この本には、土地の探し方から小屋の建て方まで、Bライフを始めるためのノウハウがまとめられている。

小屋暮らしというと、「低コストで生活できる」「自然に囲まれた暮らし」という部分が注目されがちだけど、この本の面白さの本質はそこではない。

普通に生活に必要とされているものを疑って、いったんゼロから「本当に自分に必要なものは何か」を考える視点だ。

なぜ、高村さんは現代人の生活を否定するような小屋暮らしをするようになったのか。

その経緯が語られた半生記が、『僕はなぜ小屋で暮らすようになったか』という本だ。

東京大学から慶應義塾大学の大学院に進学し、哲学を研究していた大学院生の高村さんは、突然、住んでいたアパートを引き払い、ダンボールハウスで路上生活を始める。

その原因となったのは、幼少の頃からずっと彼につきまとっている「死の観念」だった。

小学生低学年の頃に初めて死について自覚した高村さんは、パニック状態になってしまう。

そのとき、現実の存在物とまったく同等なリアリティを持って僕の脳裏に浮かんでいたのは、僕がいなくなった後の暗黒の宇宙と、百年、千年、一億年、一兆年……永遠に終わらない無限の時間だった。

僕は動悸を起こし、発汗し、震えていた。上半身を起こし、そのまましばらく掛け布団の青い花柄を見つめていた。

僕は消えてしまう。永遠に消えてしまう。怖い。絶対に嫌だ。


『僕はなぜ小屋で暮らすようになったか』より

死について考えることによるパニックは、その後もしばしば彼を襲うようになる。

それは病気ではないかと思う人もいるかもしれない。だけど、正常な思考で徹底的に考えれば、死の恐怖にとらわれてしまうのは普通なのかもしれない、と僕は思う。

みんないずれ死んですべて無になってしまう。

それは、何も間違っていないからだ。

普段、僕らがそんなに死を意識せずに楽しく生きていられるのは、目を背けて深く考えないようにしているだけなんじゃないだろうか。

◎道から外れていく生き方

死について。無限の宇宙と有限の生について。この世界を認識している自分という意識が、無数にある意識の一つにしか過ぎないことについて……。

そうした問題をずっと考え続けていた高村さんは、その謎を解き明かすために哲学研究者への道に進む。

しかし、研究を進めていくうちに、自分が論文や学会や出世に興味がなく、ひたすら自分自身のことにしか興味がないことに気づく。そうして研究者への道から外れていってしまう。

彼は、「死の観念」について誠実に向き合うため、「死の夢を見てハッと目が覚めたとしても、そこから現実的な生活のために頭を切り替えることなく、そのまま自分自身でいられて、それでも生活が回ってゆくような生き方」を目指す。

そして路上生活を経たのち、小屋暮らしへとたどり着く。


社会にしろ、学校にしろ、仕事にしろ、「待ってくれない存在」に耐えられなくなってきた。時間を分断したくない。何かの現実的なタスクを終わらせるために考えたくはない。もっと物事を無制限に考えたい。外部から決められた時間の中で考えるのではなく、考えることによって時間の流れを感じたい。

もっと夢をみているように、夢と連続的であるように、常に意識のそこに接触しながら生きたい。全人格を投じて毎日を生きたい。


『僕はなぜ小屋で暮らすようになったか』より

僕は、この本を読んで、親近感を覚えた。

子どもの頃に死の恐怖にとらわれたことは僕もある（231ページで後述）。

いい大学に行きながらも、いい会社に入ったりお金を稼いだりという社会的な評価には全然興味がないところも似ている。

明らかに違うのは、僕よりも高村さんのほうがずっとストイックなところだろう。

僕は、「自分はそのうち無になってしまうけど、限られた人生の中でできるだけ楽しさを感じられればまあそれでいいか」と思っているところがある。

だけどそれは、僕がいい加減で徹底していなくて、死や世界について真剣に考え抜いていないからかもしれない。

高村さんは、死という絶対的な恐怖を強く意識することで、この世の人間の営みのすべてを、「わりとどうでもいいこと」として見る視点を手に入れた。

そのやり方には参考になるところがある。

◎「こんな生活もアリだな」というモデル

ユーチューブで「小屋暮らし」と検索すると、さまざまな人が小屋を建てて暮らしている様子を見ることができる。

高村さんの小屋の様子も、彼のチャンネルを見ればわかる。

僕は、今は都会の快適な暮らしが好きだけれど、そのうちもっとお金に困るようになったら、田舎で小屋暮らしみたいな生活もありなのかもしれない。

とはいえ、果たして自分にこういう生活ができるだろうか。

そんなことを考えながら、小屋暮らしについての動画をときどき見ている。

実際に小屋暮らしをするのはハードルが高い。だけど、「そんな生活もありなんだ」ということを知っておくと、気持ちが少しラクになる。もし、お金がなくなってしまっても、小屋暮らしをすれば最悪死なずに済むかもしれない。

現代社会からはみ出した世界を知っておくと、現代社会の中で行き詰まってしまったときでも、完全に気持ちが追い詰められずに済む。

社会の「普通」から外れたサンプルを、自分の心の中にお守りのように持っておこう。

CHECK!

『自作の小屋で暮らそう』（高村友也、ちくま文庫）

普通の社会で生きるのに疲れた人のあいだで、小屋暮らしや車暮らしなど、できるだけお金を使わず生きる暮らし方が生まれている。生き方の幅が広がるのはいいことだ。

『僕はなぜ小屋で暮らすようになったか』（高村友也、同文舘出版）

「死はその人の本性を映し出すジョーカーカードだ」という話が面白かった。「どうせ死ぬのだからラクに生きたい」と言う人は、もともとラクに生きたいと思っている。死は人を正直にさせる。

MORE!

『「山奥ニート」やってます。』（石井あらた、光文社）

和歌山の山奥の限界集落でニートが集まって暮らしている。家賃・食費・光熱費など月に1万8千円あれば生活できるらしい。高村さんほど孤独耐性が強くない人は、仲間がいるといい。

『私は魔境に生きた』（島田覚夫、光人社NF文庫）

終戦を知らずにニューギニアのジャングルで10年生き延びた日本兵たちの話。キャッサバを栽培したりイノシシを飼ったりするサバイバル生活の話が面白い。

2章

読書で「世界を動かすルール」を知る

11 「社会学」は、自己責任論から解き放ってくれる

たった1冊の本を読むことで、世界の見え方がガラッと一変してしまうことがある。

読書というのは、「物事を考えるときの新しい視点」を自分の中にインプットしてくれるものだからだ。

僕は今まで、「どうやったらもっとラクに生きられるか」ということばかりをずっと考えてきた。そして、そのためにたくさんの本を読んで、いろんな考え方を吸収してきた。

この2章では、ラクな気持ちで生きるのに役立つ、「自己責任を弱めて、ダメな自分を肯定するための視点」を、3つ紹介したい。

その3つの視点とは、「社会学」と「脳科学」と「進化論」だ。

まず、「社会学」から紹介していこう。

◎自分のせいか、環境のせいか

「うまくいっていない人は、頑張っていないのが悪い。それは自己責任だ」という意見があるけれど、僕はあまり好きじゃない。

世の中でうまくいっている人間は、本人の努力の結果という以上に、環境に恵まれていたり、運に恵まれていたりすることが多いからだ。

そのことに無自覚なままで、「自分が成功したのは頑張ったからだ」というのは傲慢《ごうまん》だと思うのだ。

東大生の親の収入を調べると、年収900万円以上が65%以上いるらしい。これは日本人の平均年収をはるかに上回っている。

東大に入れるかどうかは本人の能力や努力にもよるので、収入の多い家庭に生まれたからといって100%東大に入れるわけではない。

しかし、お金のある家の子どものほうが「入りやすくなる」というのは確かだ。

そしてそれは、お金持ちの子はお金持ちのままになりやすいし、お金のない家の子はお金がないままでいることが多い、ということを意味している。

これを社会学の言葉で「階級の再生産」と呼ぶ。

もちろん、年収がそんなに高くない家庭から、必死で勉強を頑張って、奨学金をもらったりしながら東大に行く人もいる。

だけど、そうした少数の例を見て、「お金がなくても頑張って東大に入っている人はいる。だから自己責任だ」と決めつけるのは間違いだ。

60ページの棋士の話と同じで、少数のうまくいった人の裏側には、うまくいかなかった多くの失敗例があるのだ。


こうした誤解は「生存者バイアス」と呼ばれていて、人間の持っている「認知バイアス」の一つとされている。

認知バイアスというのは、人間の脳が陥ってしまいやすい、非合理的な判断のことだ。

たまたま生き残った少数の例だけで判断してはいけない。全体のことを考えるときは、個々の例ではなく全体を見て、統計的に考えないといけないのだ。

生存者バイアスから逃れるために、僕はいつも「自己責任は50％」と考えるようにしている。自己責任が１００％というのは人間に厳しすぎる。とはいえ、自己責任は０％ですべて環境のせいというのもちょっと乱暴だ。

個人の頑張りで変えられる部分はあるし、自力でなんとかしたい気持ちは大切だ。だから、「自己責任は50％」くらいがちょうどいいと思っている。

◎「選んでいる」じゃなく「選ばされている」

僕がそうした考え方になったのには、「社会学」の影響が大きい。

社会学というのは、人間を個人の単位で見るのではなく、社会全体の視点から説明しようとする学問だ。

たとえば、ある人が「地方から東京の大学に入った」とか「郊外の一軒家を35年ローンで買った」という行動の理由について説明するとする。

そのやり方として、まず、個人に焦点をあてて、その人の生い立ちや性格、経済状況から説明する方法がある。

そして、もう一つのやり方として、「こういう育ちの人は地元を出て東京の大学に入ることが多い」とか「この世代はローンで家を買う人が多い」など、社会全体に焦点をあてて説明するやり方がある。これが社会学的な考え方だ。

人間の行動は、個人的な理由から説明できる部分もあるけれど、社会全体の流れにも影響を受けている。

だから、個々の例ではなく統計で見ないとうまく説明できないことがある。

脳が陥りやすい認知バイアスから逃れるためには、きちんとしたデータを見ることが大切なのだ。

自分が自分の意志で選んでいると思っているものが、実は環境に選ばされているかもしれない。そう言われると、どんな気分になるだろうか。中には、「自分には自由なんてなかったのだ」と悲しくなる人もいるかもしれない。

しかし、僕はわりと、気分がラクになってくる。

自分の意志なんてちっぽけなもので、もっと大きなシステムの中で動いているのに過ぎないのだったら、自分の責任は少なくなるからだ。

そして、そのシステムがどんなふうに動いているかを知りたくなってくる。
そのシステムを教えてくれるのが、社会学の本なのだ。

◎人間には「パターン」がある

ここで、社会学的思考に触れることができる本を紹介したい。『100分de名著 ディスタンクシオン』だ。

この本は、フランスの社会学者・ブルデューの『ディスタンクシオン』という古典的な名著を、同じく社会学者の岸政彦《きしまさひこ》が解説するというNHKの番組テキストだ。

『ディスタンクシオン』は、人間の趣味について研究した本だ。

本の冒頭で岸さんは、「自分は大学教授で、ジャズが好きで、散歩が趣味だけど、そういう自分の趣味はいかにもインテリっぽくて、いけすかなくて嫌になる」という話をする。

岸さんがジャズや散歩が好きだというのは本当だろう。だけど、はたから見ると、いかにもパターン通りなインテリに見えてしまう。

これは僕自身に当てはめてみてもよくわかる。僕は、都会に住んで文章を書く仕事をしていて、一人暮らしで猫を飼っていて、サウナが好きだ。

だけど、なんかそれってすごくベタな気がする。最近、そんな人間はたくさんいる。

なぜ、自分が好きで選んでいるものが、パターン通りになってしまうのだろうか。

その理由は、人間の選択は、環境によってかなりの部分を決められているからだ。

ブルデューは、「こういう家に育ってこういう学歴を持っている人は、こういう写真が好きでこういう音楽が好き、というう明らかなパターンがある」ということを、アンケート調査を元にして解説する。

そしてその調査の結果を見ると、学歴の低い人が選びやすい写真や音楽と、学歴が高い人が選びやすい写真や音楽は、明らかに違っていたのだ。

ブルデューは、写真や音楽といった文化的な趣味の話をきっかけにして、最終的には「人間の選択というのは自由ではない。環境によって定められているものだ」という事実を明らかにしていく。

そして、ブルデューの考え方を受けて、岸さんは人間の自由について次のように語る。

自由とは、何でも好き勝手にできるとか、どんな自分にでもなれるということではありません。持って生まれたものに方向付けられ、生きる社会の構造に縛られ、それでもその中でなんとか必死に生きている。自由とはそういうものだと考えているからです。

『100分 de名著 ディスタンクシオン』より

ここでもっとも重要なのは、「人間は環境によってかなりの部分を決められている」という考え方は、他者への理解や優しさを生み出す、ということだ。

◎学問で人は優しくなれる

世の中には、どうしても自分と考えが合わない人間や、趣味が違う人間がたくさんいるだろう。僕にもたくさんいる。

そうした自分と違う人たちに対して、「理解できない」「間違っている」と切り捨てるのではなく、「あの人と同じ環境だったら自分も同じように考えていたかもしれない」「自分の考えは、たまたま育った環境のせいにすぎない」と想像してみると、まったく気が合わない相手に対しても、寛容になれるのではないだろうか。

一見すると非合理的な行為をしている人でも、その人が生きている世界の構造や文脈を丁寧に見てみると、相応の合理性があるのです。それを調べるのが社会学の役割です。

『100分de名著 ディスタンクシオン』より

人間には、自分と違うタイプの人に対する拒否反応がある。

それは僕たちが部族社会で生きていた頃に脳の中に刻み込まれた性質なので、そう思ってしまうこと自体はしかたがない。

しかし、人間は知識を得ることで、自分と異なる他者への理解が生まれ、寛容さを持つことができる。それが勉強や読書の大事な効用なのだ。

CHECK!

『100分de名著　ディスタンクシオン』（岸政彦、NHK出版）

NHKの『100分de名著』シリーズは手軽に名著の内容を知れるのでいい。テキストも安い。僕も『ディスタンクシオン』の原著はハードルが高くて未読なので……。

MORE!

『断片的なものの社会学』（岸政彦、朝日出版社）

社会学者の岸さんが調査において出会った、人々の生活の断片。理論にはうまく収まらない断片を丁寧にすくい上げる本。そうした断片が集まって、この世界の手ざわりを作り上げている。

『自分では気づかない、ココロの盲点　完全版』（池谷裕二、講談社ブルーバックス）

無意識のうちに判断を間違えてしまう「認知バイアス」の例を、クイズ形式で80問紹介した本。自然界では有効だった判断が、現代の複雑な社会には合わなくなっている、というパターンが多い。

12 脳科学が「人間はただのアルゴリズムだ」と教えてくれる

「ラクに生きるための視点」の2つ目は、「脳科学」だ。

生きていると、心が自分の思うように動かなくて苦しくなることが誰だってあるだろう。自分の一部なのに自分の思い通りにならない、そんな心というものの正体は、いったい何なんだろうか。

「脳はどういう仕組みで心を作り出しているのか」とか「なぜ人間には心があるけどコンピュータには心がないのか」という問題は、まだはっきりとは解明されていないけれど、昔に比べるとかなり研究が進んできた。

海猫沢《うみねこざわ》めろん『明日、機械がヒトになる ルポ最新科学』は、AI（人工知能）などの機械とヒトとの境界線を探る研究をする7人の科学者たちへのインタビュー集だ。

この本に出てくる科学者たちは、「人間に心なんて存在しない」とか「ヒトと機械に差はない」と口々に語る。

そんな話を聞くと、「自分の中には心があるはずだ」という気持ちが揺らいでくる。本当に心なんていうものは存在しなくて、ヒトと機械の差はないのだろうか。

◎「AI」に判断を任せるほうが幸せ

矢野《やの》和男《かずお》の研究は、普通に生活している人間の腕に加速度センサーをつけて、データをたくさん集めて分析するというものだ。

いわゆる「ビッグデータ」だ。

その結果として、さまざまな面白い事実が明らかになった。

たとえば、人間はどういう状況のときに幸福を感じているかを機械で分析できるようになった。

そうすると、「今日はこういうふうに行動すれば幸福になりますよ」というアドバイスを機械がしてくれるようになる。

実際に、矢野さんはそのアドバイスに毎日従っているらしい。「機械のアドバイスに従う生活には、抵抗はありませんでしたか?」という質問に、矢野さんはこう答える。

矢野:最初は、「これはあくまで参考にして、最後は自分の意志で決めるんだ」と、自分でつくっておきながら思ってたんですけど。毎日毎日見て参考にしてると、本当にすごくいいんですよ。それで、これに身を委ねてみようと思って、2年目くらいからは、アドバイスで言われたことを最大に実現するにはどうすればいいのかを考えて生活しています。

『明日、機械がヒトになる ルポ最新科学』より

機械に行動をすべて決められてしまうのは、一見、怖い感じがする。

しかし、よく考えてみると、今だって僕らはアプリにおすすめの本や音楽を教えてもらったり、栄養バランスを管理してもらったりしている。

人間よりもＡＩのほうが賢いのなら、自分のことは自分で決めたいという気持ちは捨てて、選択や判断はＡＩに任せてしまったほうが、幸せになれるのかもしれない。

◎「自由意志」は思い込み？

人間そっくりのアンドロイドを作って研究している石黒浩《いしぐろひろし》は、「人間に心なんてものはなく、お互いに心があると信じているだけだ」と語る。

だから、人間が「こいつは心を持っている」と思うことができるくらい高度なアンドロイドができたら、アンドロイドにだって心が存在するだろう、と言う。

人と機械の境界なんてものはもともとない。石黒さんはそう言い切る。

前野《まえの》隆司《たかし》は、もともとロボットを研究していたけれど、今は人間の幸福について研究している。

前野さんは、人間には意識は存在しないという「受動意識仮説」を唱えている。

人間は機械と一緒で、何か刺激があったらそれに対して自動的に反応しているだけだ。

意識というのは、その後から発生しているもので、自分の意志で何かを決めているというのは錯覚にすぎない、というのだ。

受動意識仮説は仏教の教えに近くて、前野さんは受動意識仮説にたどり着いた結果、完全な幸せを手に入れたらしい。

前野：僕ね、始める前から幸せだったんですよ。「受動意識仮説」によって「悟り」の境地を理解したので、それ以来、めっちゃ幸せなんですよ。

『明日、機械がヒトになる ルポ最新科学』より

人間は、自分で自由に物事を判断している、と思いたい生き物だ。
だけど、その自由意志というのは、ただの思い込みなのかもしれない。
そして、幸せになるためには、自由意志なんて別に必要ないのかもしれないのだ。

◎「人間至上主義」を疑う

「人間の心とは何なのだろうか」ということを考えるために、本をもう一冊紹介したい。
イスラエルの歴史学者である、ユヴァル・ノア・ハラリの『ホモ・デウス』だ。

この本は、人間が今まで文明を発達させてきた結果として、「人間至上主義」という思想にたどり着き、そして今、「人間至上主義」を超える次の段階に入ろうとしているかもしれない、という壮大な歴史を解説した本だ。

そもそも人間はどうして、他の動物たちと違って、こんなに巨大な文明を作り出すことができたのだろうか。

それは虚構の力だ、とハラリは言う。

文明を発展させるには、協力することが必要だ。

そして、お互いの顔が見える範囲を超えて、数千、数万、数百万人以上の人間が協力するためには、神や国家という壮大な虚構が必要だった。

人類は約7万年前に起こった認知革命によって、虚構を作り出す力を持ち、そのおかげで今のように繁栄することができたのだ。

かつて、世界を支えている虚構は「宗教」だった。

だが今は違う。科学が発達するとともに宗教の力は弱まってしまった。

昔は、わからないことはすべて神様のせいにすれば解決したけれど、今ではそんな甘えは許されない。

現在では、神に頼ることなく、人間たちが自力で学んで成長してすべてのことを解決しなければいけない。人間の考えることが一番尊くて重要だ。これが人間至上主義だ。

人間至上主義の思想を、ハラリは以下のように描写する。

> 一人ひとりの人間が、違う視点から世界を照らし、森羅万象に色と深さと意味を加える無類の光だ。だから私たちは、ありとあらゆる人にできるかぎり多くの自由を与え、世界を経験したり、自分の内なる声に従ったり、自分の内なる真実を表現したりできるようにするべきなのだ。政治でも経済でも芸術でも、個人の自由意志は国益や宗教の教義よりもはるかに大きな重みを持つべきだ。個人が享受する自由が大きいほど、世界は美しく、豊かで、有意義になる。
>
> 『ホモ・デウス』下巻より

しかし、科学の発達によって、人間至上主義の根本にある「人間の考えることが一番尊い」という考え方が脅《おびや》かされようとしている、とハラリは語る。

本当に我々は、自分の意志で物事を判断して決めているのだろうか。

「人間には自由意志なんてなくて、ただのアルゴリズムでしかない」という意見を、この項目の前半で紹介した。

脳科学の実験によると、自分が行動を決めているというのはただの思い込みで、意思決定よりも前に行動は決まっているらしい。

そして、脳というアルゴリズムは操作可能だということも、少しずつわかってきている。

たとえば、精神に作用する薬を飲むと、人間の精神状態は変わる。

そのとき、薬を飲んだあとの自分は、本当の自分ではないと感じるだろうか。

もしくは、「コーヒーを飲むとシャキッとする」とか「肉を食べると元気になる」などの身近な例で考えるとどうだろうか。精神に作用する薬を飲んだ自分は自分じゃないけど、肉を食べた自分は自分のままだと感じるとしたら、その境目はどこにあるのだろうか。

『ホモ・デウス』ではさらに興味深い例がいくつも紹介されている。

たとえば、ある実験では、人間の脳に電極を埋め込んで微弱な電流を流すと、うつ病の症状が治まるという結果が出ているらしい。

また別の実験では、脳に磁気を流しながら兵士向けの戦場シミュレーターに入ると、まったく動揺せずに冷静な気持ちで、襲いかかってくる20人の敵兵士を正確に撃ち倒すことができるようになったという。

人間の脳が操作可能になってくると、「人間の考えることが一番尊い」という信仰も揺らいでくる。そんなものは、外からの刺激でどうとでも変わるものだからだ。

あなたの考えていることは、何かの影響でそう考えているのではなく、本当に自分自身の中から出てきたものだと言い切れるだろうか。

◎シンギュラリティまでの暇つぶし

人間の行動がただのアルゴリズムなら、それを分析するのはＡＩの得意分野だ。

「自分が今日何を食べればいいか」「どの商品を買えばいいか」「何の病気になりやすいか」……。そうしたことすべて、自分よりＡＩのほうがうまく判断する世の中が近いうちに来るだろう。というより、すでに現在もそうなりかけている。

前の項目で見た「認知バイアス」のように、人間の脳は判断を間違えることも多い。欠陥が多い人間の脳よりも、ＡＩのほうが正しく物事を判断してくれる。

人間が自分で判断するよりもＡＩに決めてもらったほうが何でも正しいという時代になったら、人間の価値なんてなくなってしまうのだろうか。

ＡＩが人間を完全に超える時点のことを、「シンギュラリティ」というらしい。

それがいつやってくるのかはわからないけど、しょせん僕たちが毎日考えたり迷ったりしているのは、シンギュラリティが来るまでの暇つぶしみたいなものかもしれない。

「人間には心なんてなくて、ただのアルゴリズムにすぎない」。そう語ると、抵抗感を持つ人もいるかもしれない。

だけど、僕の場合は、むしろ気がラクになった。

「どこかに正解があるけれど、自分の頑張りが足りないせいでそれにたどり着けない」と悩むことが少なくなったのだ。

人間の判断なんて大したことがない。

しょせんアルゴリズムなんだから、できることには限りがある。つまり、人間は間違えても当たり前なのだ。だから、あまり深刻に悩みすぎることはない。

◎「自己責任のフリ」をする

脳のことを知れば知るほど、本当に人間は自分で物事を決めているのかどうかがわからなくなっていく。そして、自分で物事を決めていないのなら、自己責任という概念もあやふやになってしまう。

とはいえ、今の社会は、自由意志や自己責任があることが前提になっている。普段の生活では自由意志や自己責任がある「フリ」をして生きていくしかない。

でも、心の中でひっそりと、「実は自由意志も自己責任も幻想なんだ」「みんなアルゴリズムで動いているだけだ」ということを思っておくと、少しだけラクな気持ちで生きていけるんじゃないだろうか。

CHECK!

『明日、機械がヒトになる　ルポ最新科学』（海猫沢めろん、講談社現代新書）

「人間に自由意志はない」という話を、アメリカ人に言うとほとんどが反発したけど、インド人に言うとほとんどが賛成した、という話が面白かった。日本人は中間らしい。

『ホモ・デウス』（ユヴァル・ノア・ハラリ著、柴田裕之訳、河出書房新社）

人は人を超えられるのか。ハラリの本は『サピエンス全史』（169ページ）もそうだけど、人類の営みすべてを「虚構」としてシニカルな目線で見ているところがあって、そういうところが好きだ。

MORE!

『〈わたし〉はどこにあるのか　ガザニガ脳科学講義』

（マイケル・S・ガザニガ著、藤井留美訳、紀伊國屋書店）

「右脳と左脳を分離するとそれぞれが別のことを考える」とか「意識する前に行動は決まっている」といった実験の話を読むと、「自分」なんてものは本当は存在しない、という気持ちになってくる。

13 「しょせん、すべてはたまたまだ」という進化論の教え

「ラクに生きるための視点」の3つ目は、「進化論」だ。

83ページで「頑張っている人が成功する」という考え方が嫌いだと書いたけれど、そんな僕にとって進化論は、とてもしっくりくる考え方だった。

進化論というのは、まさに「頑張った人が生き残るわけじゃない。すべてはたまたまだ」という理論だからだ。

「頑張った人が勝って生き残って、ダメな人が滅びるのが進化論だ」と思っている人がたまにいるけれど、それは完全に間違っている。

進化論は、まったくそういう理論ではない。

◎すべてを説明する「美しい考え方」

進化論は、世の中の生物のどんなことでも説明することができる、とても美しい枠組みだ。

遥か昔には、生物はすべて、「神」が作ったと考えられていた。

世界を見渡すと、素数の年ごとに大量発生するセミや、体内で電気を発生させるウナギなど、わけのわからない生物がたくさんいる。

「こんなにさまざまな生物が存在するのは、神のような全知全能の創造者が世界を作ったからに違いない」と、昔の人が考えたのも無理はない。

宗教の力が強かった時代はそれでよかった。

しかし、科学が進歩してきた19世紀くらいからは、「神とかそういうの、論理的じゃなくない?」という空気になってきた。

前項でも書いたように、神の力に頼らない科学的な説明が求められるようになってきたのだ。

そして進化論は、神のような創造者の存在がいなくても、ただランダムな仕組みがガチャガチャと動き続けるだけで、多種多様な生物が生まれてくる、ということを説明してしまったのだ。

◎ 生物をつくる「シンプルな仕組み」

進化論の基本的な論理は、たった2つだけだ。

- さまざまなものがランダムにたくさん出てくる（突然変異）
- たまたま環境に合っていたものだけが生き残る（適者生存）

「突然変異」と「適者生存」。この2つを無限に繰り返すことで、進化が起こってさまざまな種が生まれてくるのだ。

たとえば、あるところにシカの集団がいたとする。

突然変異によって体の大きいシカや小さいシカなど、いろいろな大きさのシカが生まれてくる。

体の大きいシカのほうが生き残る確率が高いとき、少しずつシカ全体の平均的な体格は大きくなっていく。これが適者生存だ。

しかし、際限なく大きくなればいいというわけではない。あまりに大きすぎると、カロリー消費量が多すぎるため、逆に生存率が下がったりもするからだ。

そうやって何百世代も経つと、その環境で生き抜くのにちょうどいい大きさのシカばかりになる。

生き物は環境に合わせて、自然と最適なかたちになる。これが進化論だ。ゾウの鼻が長いのも、キリンの首が長いのも、みんなこうした突然変異と適者生存の結果だ。

どんな個体が生き残りやすいかは、環境によって異なる。

だから、元は同じシカでも、エゾシカとニホンジカのように、島ごとにそれぞれ別の方向に進化していく。そうやって、種が分かれていく。

現在、地球上には何百万種もの生物が存在する。

それは神の意志でもないし、生物たちが「この方向に進化しよう」と頑張ったわけでもない。

すべては意志や努力の結果ではなく、ランダムな仕組みの結果に過ぎない。そういうところが僕は好きなのだ。

◎「変な生き物」を学ぼう

進化論について書かれた本はたくさんあるけれど、基本的な流れを簡単に知るには、橘玲《たちばなあきら》『「読まなくていい本」の読書案内』の第2章が、わかりやすくてよかった。

もっと気軽に読めるものとしては、進化論を擬人化したマンガ『天地創造デザイン部』がおすすめだ。アニメ化もされている。

このマンガは、クライアントである神様が、下請け業者である天使たちに「こういう変な生物を作ってくれ！」と無茶振りをしていくというストーリーだ。

「えー　このたびの神様《クライアント》からの依頼は「すっごい高いところの葉っぱが食べら

れる動物」なわけだが　3つの案が出ている　まずは私の提案した――」
『天地創造デザイン部』1巻より

このマンガに出てくるのは、「敵に襲われると内臓を差し出す生き物」や「ダイヤの原石を飲み込んで胃の中でダイヤを作る生き物」など、変な生き物ばかりだ。しかし、それが全部実在する生物だというのがすごい。

このマンガでは、天使たちが生物をデザインするときに、「この形だとすぐに脳震盪《のうしんとう》を起こす」とか「このツノはカロリー消費が多すぎる」など、いろいろと試行錯誤をする。その試行錯誤が、進化論の突然変異と適者生存の仕組みをわかりやすく説明したものになっているのだ。

進化論の仕組みがよくわからなくても、変な生き物がたくさん出てきて楽しく読めるマンガだ。

次の項目でも引き続き、進化論の話を続けていきたい。

14
「進化心理学」で人間を俯瞰して見る

前項に続いて進化論の話を続けよう。

進化論というのは、とても画期的で強力な理論だったので、あらゆる学問のジャンルに影響を及ぼして、さまざまな新しい学問が生まれた。

その中で僕がもっとも好きなのは、「進化心理学」というジャンルだ。

進化心理学は、その名の通り、人間の心理を進化論で説明する学問だ。

人間の心理にまつわることなら、「子どもがかわいい」と感じることから、「週刊誌がゴシップばかり載せている」ということ（222ページで後述）まで、あらゆることが進化論で説明できる。84ページで紹介した「認知バイアス」も、人間が進化の中で環境に適応するために生まれたものなのだ。

◎自分が悪いのではなく「脳」が悪い

進化心理学の例を一つ出すと、人間が安定して維持できる人間関係の数は150人くらいだという説がある。それ以上の数の人間関係は、あまりきちんと気にかけることができないという限界が、どうやら脳にはあるらしい。

その理由は、もともと人間が150人くらいの集団の中で暮らしていたからだ。

この数は、ダンバーという人が提唱したので「ダンバー数」と呼ばれる。

ダンバーは、さまざまな霊長類の脳を比較して、大脳新皮質の大きさと集団のサイズが比例する事実から、この説を生み出した。

人間は今ではもっとたくさんの人に囲まれて暮らすようになっているけれど、150人程度の集団で暮らしていた時期が遥かに長かったので、人間の脳はまだ新しい状況に適応していないのだ。

こういう話を聞くと、どうだろうか。

「たくさんの人の名前を覚えられなくても、しかたないな」

「自分のせいじゃなくて、人間がもともとそうなっているからなんだ」

と思って気がラクにならないだろうか。

僕は基本的に、「自分の今の状況は、自分の責任じゃなくて何かのせいなのだ」と思わせてくれる思想が好きなのだ。

ここまでで紹介してきた「社会学」「脳科学」「進化論」の3つは全部そうだ。

◎「助け合い」は人間だけなのか

進化心理学の入門としておすすめの本が、長谷川寿一《はせがわとしかず》・長谷川眞理子《まりこ》『進化と人間行動』だ。さまざまな動物や民族の具体的なエピソードが多く紹介されていて、面白く読める。大学の1・2年生向けの教科書として書かれた本なので、初心者にも入りやすい。

たとえば、利他行動、つまり「人間がなぜ他者を助けるのか」ということには、進化的な理由がある。

要は、「困っている奴を助けたら、自分が困っているときに助けてもらえる」からだ。

助け合ったほうが、それぞれが孤独に生きていくよりもお互いにメリットがあって、生き残りやすい。助け合いをしない遺伝子を持っている個体は生き残りにくかったので、滅びてしまった。

だから、今残っている人類はみんな多かれ少なかれ、助け合いを好むようになっている。

「助け合い」というのは、人間だけが持っている尊い感情ではない。

たとえば、南米に棲息する吸血コウモリである「チスイコウモリ」は、2晩、血を吸えないと餓死してしまう。

そこで、コウモリ同士の利他行動が見られる。運悪く血を吸えなかったコウモリがいると、血をたくさん吸えたコウモリは、吸った血を吐き戻して相手に与えるのだ。

ウィルキンソンは、コスタリカの洞窟でこのチスイコウモリの集団を観察しましたが、満足に血を吸えなかった飢えた個体が、満腹の個体に餌ねだりの行動をする場面を目撃し、ねだられた個体が飢えている個体に血を吐き戻してやることを発見しました（Wilkinson、1984）。

しかも、コウモリは誰が誰に血を分けたかを覚えているという。

血をもらったコウモリは、次に自分が血を吸えたときには、積極的に他のコウモリに血をあげようとする。そして、誰にも血を与えない自己中心的なコウモリは、他のコウモリからも血をもらえないのだ。

そんなふうに、他者を助ける個体のほうが生存に有利だったので、他者を助ける遺伝子が広まっていって、チスイコウモリはお互いを助け合うようになった。

人間の社会はもっと複雑だけど、助け合ったほうが生存に有利だったから助け合うようになったという点では、チスイコウモリと人間は何も変わらない。

人間の道徳性や助け合いの精神というのは、こうやって進化の過程で遺伝子に刻み込まれただけのものに過ぎないのだ。

◎古くからの風習には意味がある

『進化と人間行動』の中で多くのページを割かれているのは、性と血縁に関する部分だ。性と血縁というのは、遺伝子を残すための一番の戦場だからだ。

この本ではさまざまな民族の性や血縁についての習慣が紹介されていて面白い。

たとえば、西カロリン諸島のイフォークという民族では、子どもは親ではなく、母方の伯父と一緒に暮らすらしい。

不思議に思えるが、それには合理的な理由がある。

それは、イフォークでは性的関係がわりとオープンなので、母親から生まれた子どもがその夫との間にできたものかどうかが不確かだからなのだ。


母親にとっては、赤ん坊が本当に自分の子であるかどうかは、現代の病院でまれに起きる事故を除けば、間違いなく確認することができます。一方、父親の確からしさには、つねに不確定性がついてまわり、それは、性関係が自由な社会であるほど大きくなります。

『進化と人間行動』より

夫から見ると、自分の妻から生まれた子どもは自分の遺伝子をまったく受け継いでいない可能性がある。

だけど、自分の姉妹は確実に自分と遺伝子を共有している。そして、姉妹の子どももも姉妹を通じて自分と遺伝子を共有している。

ならば、自分の妻の子どもより、自分の妹の子どもを育てたほうが、自分の遺伝子をあとに残すことに繋がるのだ。

一見、不思議な風習に思えることも、論理的に説明できてしまうのが、進化心理学の面白さだ。

◎学問は「余裕」を生み出す

進化心理学は、人間が持っている愛も欲望も裏切りも、子どもをかわいいと感じるのも、仲間を助けたいと思うのもすべて、「遺伝子を残す確率を上げるためにそうなっているだけだ」と、ズバッと説明してしまう。

そんなふうに人間の感情をすべて進化論で説明してしまうのは、不愉快に思う人もいるかもしれない。

だけど、僕はそういうのがとても好きだ。

「助け合うのは人間の美徳だ」とか「愛が大事だ」という道徳論よりも、「助け合うのが生存に有利だったからそういうふうに進化しただけだ」と説明するほうが、ベタベタしていなくて爽快だと思う。


進化論を元にして考えると、人間の行動を、少し引いた目で見ることができる。

たとえば、やたらと威張っている人や、異常に恋愛に依存している人がいたとする。

そんなとき、「なんでこんな嫌な人が存在するんだろう」とか「間違っている」と切り捨てるのではなく、「ああいう生き方は好きじゃないけど、進化論的に有利さがあるのは否定できないな」と考えればいい。

そうすれば、他人に対して余裕を持って対応することができるのではないだろうか。

CHECK!

『天地創造デザイン部』（蛇蔵、鈴木ツタ、たら子、講談社）
『天デ部』が面白かった人は、作者が共通している『決してマネしないでください。』（講談社）もおすすめ。さまざまな科学の知識が詰め込まれたドタバタ理系研究室マンガだ。

『進化と人間行動』（長谷川寿一、長谷川真理子、東京大学出版会）
結局、僕らの持っている感情は、生存率を上げるために特定の状況でホルモンが分泌されるようになっただけなのだ。わかっていてもやっぱり感情に振り回されちゃうけど。

MORE!

『地球の長い午後』（ブライアン・W・オールディス著、伊藤典夫訳、ハヤカワ文庫ＳＦ）
人間も動物も滅亡寸前で、植物が地球を支配している未来を描くＳＦ。日光をレンズで集めて敵を攻撃するヒツボ、地球と月を移動するツナワタリなど、奇妙に進化した植物が多数出てくる。

『家畜化という進化』（リチャード・C・フランシス著、西尾香苗訳、白揚社）
人が起こした進化、それが家畜化だ。キツネの家畜化実験で人懐っこいキツネが生まれたらしい。飼いたい。そして人類は自己家畜化した？　という話も。

15 「虚無感」から脱するための考え方

子どもの頃からずっと持ち続けている悩みは、何かあるだろうか。

一見、難しそうな学問の本を読んでいると、突然、昔から抱えていた悩みが解決するときがある。

学問というのは、突き詰めると、子どもが持つような素朴な疑問が根本にあったりするからだ。

◎「死後」が悔しくてたまらない

僕が幼い頃から持ち続けていた悩みは、

「どうせ死んでしまうのなら、何をやっても意味がないんじゃないか？」

というものだった。

生きているうちにどんな偉業を成し遂げても、死んでしまったらそれで終わりだ。全部消えてなくなってしまう。

ほとんどの人は死んでしばらくするとみんなに忘れられて、この世に存在したかどうかもわからなくなってしまう。数十年前に死んだ特に有名ではない人のことなんて、その家族くらいしか覚えていないだろう。


そして、どうやらこの世界というのは、自分が死んだあとも自分と関係なく続いていくらしい。

それを知ったとき、僕は悔しくてたまらなかった。

死ぬのは嫌だけど、どんなものにも期限があるのはしかたない。自分が死ぬのと同時に世界も滅びるのならまだ納得できる。

しかし、この世界の中心であるはずの自分がいなくなったあとも、どうやら世界は続いていくのだ。

なぜ、自分は不死で永遠の存在ではなくて、100年足らずで死んでしまうちっぽけな生命なのだろうか。理不尽だ。悔しくてたまらない。

どんなに人類の文明が発展したとしても、数百億年後にはこの宇宙が消滅して、すべては無になってしまうのかもしれない。そうだとしたら、人類がやってきたことはすべて意味がないのだろうか。そうだ、すべてはむなしいのだ。人生も、人類も。

◎「むなしさ」を乗り越えるために

そんな虚無感を抱きながら生きていた20歳の僕に、「そんなことはない」という答えをくれたのが、真木《まき》悠介《ゆうすけ》の『時間の比較社会学』という本だった。

比較社会学というのは、いくつかの社会を比較することで、ある社会で当たり前とされていることは絶対的なものではなくて、社会によっていろいろな形がある、ということを研究する学問だ。

この本では、さまざまな社会の時間意識を比べて論じることで、

「どうせ死んでしまうのなら、すべてはむなしいのではないか」という意識が絶対的な真実ではないことや、そのむなしさを乗り越えていく道があることを指し示してくれる。

〈時間の中で現実はつぎつぎと無になってゆく〉という感覚、「たえずむなしく消え去ってゆく」というこの感覚のとり方は、しかしけっして人間にとって普遍的な心性ではない。のちにみるように、少なくとも現在までにこの点について調査されているいくつかの文化においては、過去は現在するものとして感覚されている。

『時間の比較社会学』より

たとえば、アメリカ先住民のホピ族にとっては、過去と現在は同じように存在する。昨日あって今日ないものを、僕たちは「ない」と言うけれど、ホピ族は「ある」と言う。ホピ族の時間意識では、過去というのは流れて消えていくものではなく、積み重なってずっと存在するものなのだ。

また、ケニアのカムバ族出身のムビティという人が語るところによると、アフリカ人の伝統的な時間意識では、「未来」が存在しない。

西洋人の時間の観念は直線的で、無期限の過去と、現在と、無限の未来とをもっているが、アフリカ人の考え方には実際上なじみのないものである。未来は事実上存在しない。未来の出来事は起こっていないし、実現していないのだから、時間を構成しえないのである。

『時間の比較社会学』より

つまり、過去が消えてしまうことにむなしさを感じてしまうのは、自分が西洋的な時間意識の中で生きているから、そう思ってしまうだけなのだ。

未来というものは、まだ存在しないもので、抽象的な概念に過ぎない。抽象的な未来という時間を想像しなければ、「未来にはすべてがなくなってしまうからむなしい」などと考えることもない。

つまり、現在と過去だけでこの世界は満ち足りている。人間の生活というのは、実はそれでいいのかもしれない。

◎宗教が作り出した「むなしさの正体」

しかし、長期的な未来を想像できないということは、社会や文明を発展させていこうとする力が弱いということでもある。

西洋文明が他のどの文明よりも発展した理由の一つは、西洋文明の根本にあるキリスト教の世界観が、遠い未来に終末がやってくるということを前提とした、直線的な時間意識を持っていたからだ。

宗教の持っている時間意識は、大きく2つに分けることができる。

「永遠に同じ時間が続いていく」か「終わりがはっきりと決まっている」かだ。

キリスト教は後者だ。

キリスト教の時間意識では、世界は終末に向けて一直線に進んでいくものと考えられている。人は、原罪を持って生まれてきて、最後の審判に向けて突き進んでいく。

つまり、遠くにある抽象的なゴールに向けてまっすぐ進んでいくというものなのだ。

このキリスト教の世界観は、右肩上がりにずっと発展していくことを目指す「資本主義」と相性がよかった。

そうやって、キリスト教的な時間意識をベースにして、資本主義のシステムが作られ、発展してきた。

我々は数年先や数十年先の未来の計画を、普通に立てることができる。それは狩猟採集生活をしている民族にはまったく想像もつかないことだろう。

そして、我々は遠い未来のことを想像して計画できるようになった代償として、未来に向けたむなしさを感じるようになってしまったのだ。

◎「今を生きるため」の考え方

社会学には「コンサマトリー」という概念がある。

コンサマトリーというのは、「今」という時間を何か別のもののための「手段」として使うのではなくて、「今」の時間そのものを「目的」として楽しむ状態のことだ。

現代社会では、「時間をムダにせず頑張らなきゃ取り残されてしまう」などと思ってしまいがちだ（時間の手段化）。

しかし、そんなことばかりを考えていると、「自分が何のために生きているか」がわからなくなって虚無感がおとずれる。

今、生きているその時間自体を楽しむこと。つまり、コンサマトリーを大事にして生きていくことが、より充実した人生を送るためには必要なのだ。

もうひとつ大切なのは、人間は、孤独を感じるとコンサマトリーから離れてしまいやすいということだ。

孤独に苛《さいな》まれているとき、人は未来に意味を求めてしまう。だけど、未来というのは抽象的なものなので、充実感を与えてくれることはない。

人間が充実感を得ているときは、「自分だけが大事だ」という自我の牢獄が崩れて、他者や自然と溶け合っているときなのだ。

存在のうちに喪われたものをひとは時間のうちに求める。けれども時間はわれわれをただべつの存在へとみちびくだけだから、存在のうちにわれわれが見出すことを拒んでいるものを、時間が与えてくれることはない。時間がニヒリズムの元凶であるのではない。ニヒリズムが元凶としての時間を存立せしめる。

『時間の比較社会学』より

◎大人になるにつれて思うこと

思い返してみると、「死ぬのが怖い」「すべてがむなしい」と強く思っていた若い頃の僕は、孤独で自分のことばかり考えていた。

今、思うとエゴの塊《かたまり》だった。

それが、年をとるにつれて少しずつ人との関わりが増えていって、四六時中、自分のことばかりを考えているわけでもなくなり、それにともなって、死の恐怖を強く感じることもなくなってきた。

それは誰もがたどる、人間としての成長なのだろう。
そんな僕の成長を手助けしてくれたのが、『時間の比較社会学』だったのだ。

MORE! CHECK!

『時間の比較社会学』（真木悠介、岩波現代文庫）
僕が見田宗介（真木悠介）に惹かれた理由の一つは、文章の美しさだ。壮大な理論と美しい文章が組み合わさったオリジナルな学問は、誰にもマネのできない境地だ。

『ピダハン』（ダニエル・L・エヴェレット著、尾代通子訳、みすず書房）
アマゾンに住む部族、ピダハン。ピダハン語には数や色、遠い過去や未来や伝聞など、直接体験している「いま」以外を表す言葉がない。「いま」だけを生きる彼らの幸福度は高い。

16 「本当に切実なことだけを考え続ける」という姿勢

前項の『時間の比較社会学』を読んで衝撃を受けた大学生の僕は、その著者の本を読み漁るようになった。

著者の真木悠介というのは、社会学者の見田《みた》宗介《むねすけ》の筆名だ。

見田宗介の本の特徴は、「死ぬのが怖い」とか「人と人はなぜ愛し合えるのか」という、本質的で切実なテーマを直球で突いてくるところにあった。

◎論理的にロマンチスト

見田さんは、本質的で切実なテーマを、感情論ではなく精密に理屈で分析していく。

しかも、論じるときのスケールが大きい。

スタート地点は、「死ぬのが怖い」という個人的な感情なのだけど、そこから徐々に話を広げていって、数千年単位のビジョンにまで行き着く。その大風呂敷感がたまらない。

そして、最終的に導き出すのが、ポジティブでロマンチストな結論なのだ。

何も考えてない人がいきなりロマンティックなことを語り出したらバカみたいに見える。しかし、見田さんはさまざまな社会学的理論を用いつつ、数千年単位を見通す射程距離で、ポジティブでロマンチストなことを語る。

それがすごくカッコいいのだ。

◎人は「エゴ」を乗り越えられるか

見田さんは、『社会学入門』という本で、自分にとって「本当に切実な問題」を追求する大切さについて語っている。

見田さん自身にとって本当に切実だったのは、「人間はどう生きたらいいか」という基本的な問題で、これは2つに分けることができた。

1つ目は、「どうせ死んでしまうのなら、すべてはむなしいのではないか」という問題だ（「死とニヒリズムの問題系」と呼ぶ）。

これは前項で紹介した『時間の比較社会学』で解決されている。

もうひとつは、「人間はみんな自分のことが大切なのに、なぜ他者と愛し合ったりもできるのか」という問題だ（「愛とエゴイズムの問題系」と呼ぶ）。

この2つ目の問題について解決した本が、『自我の起原　愛とエゴイズムの動物社会学』だ。


『自我の起原』のテーマは、「人はエゴイズムを超えることができるか」というものだ。

人間は基本的に、自分のことを優先するようにできている。

だけど、自分のことだけをひたすら考え続けて、他者をないがしろにし続ける生き方がむなしいということも人間は知っている。

エゴと利他という、相反する2つの力に引き裂かれているのが人間だ。そのような中で、我々はどのように生きればもっとも幸せに生きられるのか。

その問題を考えるために、この本では数十億年の生物の進化の歴史をたどり直す。

106ページでも書いたように、進化論の観点から考えると、遺伝子を残すのに有利な生物が生き残っていく。

生物は遺伝子の乗り物に過ぎない。これが有名な「利己的な遺伝子」という考え方だ。

しかし、遺伝子の意図に逆らって、自分自身のために生きることができるようになった生物がいる。

その生物は、あまりにも脳が発達しすぎて「自我」というものが生まれたため、生殖や生存以外の生のよろこびを感じられるようになったのだ。

それが、人間だ。

人間は遺伝子を残すために生きるのではなく、ひたすら自分のことだけを考えて生きていくこともできる。これが「エゴイズム」の誕生だ。

◎「かわいい」も生存戦略のうち

生物は遺伝子を残すために最適な行動をするようにプログラミングされている。

そして、そこには他の生物への働きかけも含まれている。

たとえば、「病原菌が人体の中で増殖する」とか「花が甘い香りでハチを引き寄せる」などがそうだ。

ここで大切なのは、他の生物に害を与える方法より、喜ばせる方法のほうが、生存戦略として優れている、ということだ。

病原菌は、人間にとって有害なので撲滅されてしまう。しかし、美しい花は栽培されて増え続けていく。

つまり、他者に害を与える生物よりも、益を与える生物のほうが生き残りやすいのだ。

猫のかわいさも、リンゴの甘さも、桜の美しさも、すべてはそれぞれの生物にとっての生存戦略だ。

この世界では、ありとあらゆる生物が自分の生存のために、他者に快感を与え合っている。我々はそんな無数の誘惑に満ちた世界を、思うままに楽しめばいい。そう『自我の起原』では語られている。

わたしたちは他の個体からも、時には異種の生成子（引用注：遺伝子のこと）たち、動物や植物からさえ、いつも働きかけられている。それらと共にあることに歓びを感じ、時にはそれらのためにさえ行動することに歓びを感ずるように作られてしまってあるなら、そのように感受する力をもった身体として作られてあるということを、豊穣に享受すればよいだけである。

『自我の起原』より

初めてこの文章を読んだとき、なんてサイケデリックな世界観だろうと思った。

人間は、自分自身のことだけを考えながら生きることもできるし、他者のために生きることもできる。

人間は、セックスをしたり、子を作ったり、他者と助け合ったりすると快楽を感じる。それはそういう遺伝子を持っているからだ。

だけど、別にそれをしなくてもいい。人間は大脳が発達したおかげで、生存や生殖以外の楽しみもたくさん感じることができるようになった。

遺伝子が用意してくれた快楽を追求してもいいし、大脳が生み出した快楽を追求してもいい。どちらも選択できる。

それが、人間という生き物の特別に素晴らしいところなのだ。


一度さまよい出た者はどこへでもさまよい出ることができる。

創造主に反逆した者はどんな目的ももつことができる。またどんな目的ももたないことができる。

『自我の起原』より

なんてカッコいい表現だろう。

『自我の起原』が描き出すのは、壮大で理論的だけど自由と快楽に満ちている世界で、今までまったく見たことのないものだった。

「こんな学問をやっている人がいるのか」と僕は衝撃を受けた。

この本をきっかけにして僕は進化論に興味を持ち、関連する本をどんどん読むようになったのだった。

◎問題意識から「自分の人生」をつくる

僕が見田宗介の本から強く学んだことは、「自分にとって本当に切実な問題を考え続けなければいけない」という姿勢だ。

「そんな役に立たないことを考えていないで、さっさと働け」と、社会に言われたとしても、そんな声は無視していい。

自分にとって切実な問題、それは自分という存在のコアにあるものだから、決して手放してはいけない。

僕は20代のときに、勤めていた会社を辞めた。仕事の内容にまったく興味を持てなかったからだ。

そして、自分が実感を持って「大切だ」と思えることだけをして生きていくことにした。

そうした選択をした背景には、見田さんの本を読んだ影響がある。

幼い頃に感じたような、自分の中にある根源的な問題意識が自分の人生を作っていく。

そして、自分と共通する問題意識を持った本は、必ず世界のどこかにあるはずだ。そんな本を探してみよう。

MORE! CHECK!

『自我の起原』（真木悠介、岩波現代文庫）

社会学者である見田宗介が真木悠介の名前を使って本を書くのは、一般的な社会学の範囲を離れた、壮大過ぎるテーマを論じるときだ。まさにそれにふさわしい本。

『しあわせの理由』（グレッグ・イーガン著、山岸真訳、ハヤカワ文庫ＳＦ）

ＳＦ短編集。人類が感じるすべての幸せを感じるようになった表題作の主人公は、本当の自分がわからなくなってしまう。自分自身を形作るのは、一体何なのだろうか。

17 社会に疲れたら「宇宙の本」を読んでみる

人間社会のあれこれに疲れたとき、僕は「宇宙に関する本」を読むことにしている。

宇宙はいい。

宇宙のことを考えると、たいていのことはどうでもよくなる。

◎すべて「ゴミクズ」だ

宇宙は、138億年前にビッグバンが起きて以降、ずっと膨張し続けているらしい。

そもそも138億年前という時間がすごい。1万年でも想像がつかないのに、138億年というのは1万年の1万倍のさらに138倍だ。まったく意味がわからない。

138億年の宇宙の歴史の中で見ると、自分の数十年の人生なんてゴミクズ以下でしかない。

宇宙の広さを想像すると、自分の生活や仕事や社会のことなんてチリみたいなものだ。とても恥ずかしいことをやらかしてしまって二度と会いたくない人のことも、失礼な態度を取ってくるのにまったく謝らないムカつく奴のことも、すべてひっくるめて、宇宙という視点から考えるとどうでもよくなってくる。

人間のやることなんてすべて、宇宙の中のほんの一瞬のゆらぎに過ぎない。自分が人生の中で何をしようが、宇宙は変わりなく続いていく。

そう考えるとラクになる。

どうせすべてどうでもいいことなんだから、自分の好きなように生きてみようと思えてくるのだ。

◎「自分そっくりな人間」がいる

須藤靖《すとうやすし》『不自然な宇宙　宇宙はひとつだけなのか?』は、想像を超える宇宙の姿を見せてくれる本だ。

我々が住んでいるこの宇宙だけでも途方もないスケールを持っているのに、この本では、この宇宙以外にも無数の宇宙があるという話が繰り広げられていく。

宇宙のことを英語で「ユニバース」というけれど、たくさんの宇宙のことは「マルチバース」というらしい。この本は、マルチバースについて解説した本だ。


マルチバースには、レベル1からレベル4まであるという。

まず、レベル1のマルチバースから説明しよう。

我々の住んでいるこの宇宙は、無限の広さを持っている。

そして無限に宇宙が広がっているということは、そこには僕らが住んでいるこの地球とまったく同じ星があり、僕らとまったく同じ人間がいるということらしいのだ。

一見、「ん？」と思ってしまう。

けれど、著者は数字の例を出して説明する。

円周率の小数点以下みたいに無限に続く数字の中には、どんな数字も含まれる。1も、42も、1434586も、4498438412784479も、すべてがその中に出現する。しかも、1回ではなく無限回も。

無理数を小数で表現すると、小数点以下に数字が無限に続きますが、それらには周期性はありません。またその中で特定の組み合わせに注目すれば、必ずどこかに、繰り返し無限回見つけることができます。

『不自然な宇宙　宇宙はひとつだけなのか？』より

それと同じことで、無限に続く空間の中には、どんな世界も出現すると考えられるのだ。しかも、1回ではなく何回も、無限回も。
つまり、無限の広さを持つ宇宙の中には、我々の宇宙とまったく同じものが無限個存在するというのだ。

この考え方を応用すれば、いくら大きかろうとたかだか有限個の自由度しか持たない我々のユニバースの場合、それと瓜二つで区別不可能なクローンユニバースが、無限体積を持つレベル1マルチバース内のどこかに、しかも無限個実在することが納得できるでしょう。

「納得できるでしょう」と言われても、「本当かよ」と思ってしまう。しかし、たしかに論理的には間違っていない気がする。

今この瞬間、遥か遠い宇宙で、自分にそっくりな人間が無限に存在して、自分と同じように「宇宙は無限なのか……」とあっけに取られているということなのだ。

これが、レベル1マルチバースだ。こんな嘘みたいなことを、SF作家ではなく物理学者が書いているというのがすごい。

◎宇宙は都合がよすぎないか？

レベル2のマルチバースでは、「人間原理」という考え方が出てくる。

この人間原理が、僕はすごく好きだ。

嘘みたいな話だけど、でもたしかにそう考えないと辻褄《つじつま》が合わないところが多くて、信じるしかなくなってしまう。そんなところがいいのだ。

まず、「この宇宙はあまりにも人間に都合がよすぎて不自然だ」というところから話が始まる。

物理学の基本として、この宇宙には4つの基本的な力というものが存在する。

それは、「電磁気力」「弱い力」「強い力」「重力」の4つだ。

この4つの力の絶妙なバランスによって、今の宇宙は成り立っている。

ただ、4つの力の中で、重力だけが他に比べて10のマイナス38乗という、桁違いの弱さなのが不思議なのだ（我々は普段重力を強いものと感じがちだけど、それは地球の質量がすごく大きいからだ。同じ質量同士で働く重力はものすごく弱い）。

もし、重力がもっと強かったり、あるいは他の3つの力の強さが違っていたら、この宇宙は、「水素しか存在しない宇宙」や「分子が存在できない宇宙」や「星がすぐに核融合で燃え尽きる宇宙」などになっていた。

そんな宇宙では、地球のような惑星は存在できなかった。もちろん、人類がこうして文明を持つこともできなかっただろう。

そして重要な点は、4つの力が今のバランスになっているのは、「たまたまだ」ということだ。

この宇宙ができるとき、もっと別の数値になっていてもおかしくなかった。

必然性がないにもかかわらず、この宇宙というのは、人間が存在するのにちょうどいいようにチューニングされているように見える。

これを「微調整（ファインチューニング）」という。

そして、この「4つの力のバランス」以外にも、「宇宙定数の値」や「氷の比重」など、「この部分がちょっと違っていたら人類は存在できなかっただろう」という微調整が、この宇宙には不自然に無数にある。

人類が今こうして生きているのは奇跡のようなものなのだ。

この微調整というのはいったい何なのだろうか。

ここで神の存在を持ち出せれば、話は簡単だ。

「これが神の恩寵《おんちょう》だ！　神が人間のためにこの世界を作ったのだ！」と言ってしまえれば、すべて解決する。

しかし、もはや現代の科学者は神を認めるわけにはいかない。すべての物事には偶然でも奇跡でもない「合理的な説明」があるはずだと考える。

そこで考え出されたのが、「人間原理」だ。

◎人間原理と進化論の「共通点」

人間原理というのは逆転の発想だ。

「宇宙は1つしかなくて、その宇宙が奇跡的に人間に都合のいい環境になっている」と考えると、不思議さは解決できない。

そこで、宇宙というのは無数に存在していると考えるのだ。

「水素しか存在しない宇宙」や「分子が存在できない宇宙」や「星がすぐに核融合で燃え尽きる宇宙」なども無数に存在している。

そしてその中でたまたま奇跡的に環境に恵まれていたのが、我々が今住んでいる宇宙なのだ。

そう考えると、奇跡や偶然に頼らなくても、この宇宙の不自然な都合のよさが説明できる。

前にも書いたように、無限の中にはどんなパターンも出現する。そうすると、たまたま人類が生きるのに都合がいいパターンがそのうちに1つだけあっても、何もおかしくないのだ。

物理法則を特徴づける物理定数の値がある特定の極めて狭い範囲に限られる理由はない。とすれば、それらの組み合わせが、生命の存在を可能とするような範囲におさまる確率はきわめて低い。にもかかわらず我々が住むこの宇宙はまさにその例となっている。したがって、我々の宇宙以外に無数の異なる宇宙が存在することが結論される。

『不自然な宇宙　宇宙はひとつだけなのか?』より

ここまで読んで、この人間原理は何かに似ていると思った人がいるかもしれない。それは、104ページで紹介した進化論だ。

進化論も人間原理も、「神が作った精巧な奇跡のように見えるけれど、そうではなくて、ランダムなものがいっぱい生まれて、そのうちたまたまうまくいったものだけが生き残っているだけ」という、説明原理が同じなのだ。

そのへんが、「人生は大体たまたまだ」という僕の人生観とも合っているから、好きだ。

◎「ちっぽけになる」まで考え抜いてみる

「無限の宇宙に自分と同じ人間が無限に存在する」とか「物理法則の違う宇宙が無限に存在する」とか、そんな途方もないことを想像してみると、人生で悩んでいることなんて全部ちっぽけなことに思えてこないだろうか。

どうせ人間の人生なんて、宇宙から見ればどうでもいいことばかりだ。

何をやってもやらなくてもいい。それなら、気楽に生きてみよう。

『不自然な宇宙』（須藤靖、講談社ブルーバックス）

ここでは紹介しきれなかったレベル3とレベル4のマルチバースの話もあるので、興味のある人は読んでみてほしい。理系の話を手軽に読みたいときは「講談社ブルーバックス」シリーズがおすすめ。

『三体』（劉慈欣著、大森望 他 訳、早川書房）

1人の人間が考えたとは思えないほど、壮大なスケールの時間と空間を舞台にしたSF。ここ10年くらいで一番面白かった小説かも。現実を忘れて没頭して読みふけった。

『寿司　虚空編』（小林銅蟲、三才ブックス）

普通のやり方では書けないほど大きな数、巨大数についてのマンガ。特に使い道があるわけでもない、無意味に巨大すぎる数がたくさん出てきて、現実がどうでもよくなってくる。

3章

読書で「日常の暮らし」をひっくり返す

18 小説が「何も起こらない日常の尊さ」を教えてくれる

本の中では大体、何か大きな事件が起こったり、すごい人が出てきたりすることが多い。それは当たり前のことだと思うかもしれない。だけど僕は、そこに不満があった。もっと何気ない、どこにでもあるような日常について書いた本があってもいいんじゃないだろうか。

そんなふうに思うようになったのは、僕が昔から、派手なイベントが嫌いだったからかもしれない。

祭りや運動会など、みんなが騒いでいる空間が苦手だった。特別な日に騒ぐよりも、特に何もない日に何もせずにだらだらしているほうが幸せだと思っていた。

そんな「何も起こらない普通の日常が一番尊いのだ」という気持ちを後押ししてくれたのが、保坂和志《ほさかかずし》の『プレーンソング』という小説だった。

◎事件なんて簡単に起こらない

『プレーンソング』の主人公は1人で2LDKの部屋に住んでいる。部屋が1つ空いているので、いろんな友達がふらっと泊まりにくる。

話としてはそれだけの話だ。この小説の中では大した事件が何も起こらない。ずっと次のような日常の描写が続いていく。

そうすると横からアキラが、

「豊島園まで歩いて行けるの？」

と訊いてきて、つまりアキラは豊島園のことしか考えていないのだけれど、いつもと違ってその日のアキラには猫の話から外れていても豊島園という材料があるからそれはそれでかまわないようだった。

「一時間もあれば着くだろ」

「えっ、そんなに歩くの」

「おれ歩くの、好きだもん。

アキラだって、池袋からうちまで歩いてきただろ。あの二月の真冬の夜に」

「だって、よう子ちゃんが――」

と言っていると、〝かしわ餅〟という旗が看板がわりに出ている店があって、
アキラは、

「ねえ、かしわ餅、買ってこうよ」

と言い出した。

『プレーンソング』より

一般的に小説といったら「何かすごい事件」や「悲しい出来事」が起こるものだけど、『プレーンソング』にはそういうことが何も起こらない。

それなのに、なぜか読んでいて心地よいのだ。

僕らが生きている普段の生活では、大きな事件なんてそうは起きない。ということは、派手な事件が起こる小説よりも『プレーンソング』のほうが現実に近い。

心の空白を何か大きなイベントで埋めようとするよりも、なんてことのない日常で心を

満たすほうが幸せなんじゃないだろうか。

この小説を読むと、そんな気分になってくるのだ。

保坂さんが『プレーンソング』を書いたときの話が、『書きあぐねている人のための小説入門』という本に書いてある。

『プレーンソング』で何も事件が起きないというのは、かなり意識的に書いていたものだったらしい。その理由は、「ネガティブな事件やネガティブな心理こそが文学」という風潮が嫌だったからだそうだ。

小説は悲しい出来事との相性がよすぎるので、書いているうちに自動的に不幸の気配がしてきてしまう、と保坂さんは語る。


たとえば「『じゃあ、また』と言って、彼は歩いていった」と書くだけで、小説の中では「じゃあ、また」が二度と来ないように感じられてしまう。

『書きあぐねている人のための小説入門』より

『プレーンソング』では、小説の持つ「ネガティブな磁場」を避けるために、「悲しいことが起きない」どころか、「悲しいことが起きそうな気配すら感じさせないように文章を書く」という細心の注意を払って書いたそうだ。

たしかに、『プレーンソング』からは不幸の気配は一切排除されている。何も起こらないのにとても美しい日々がただそこにある。まるで神の恩寵のように。

「プレーンソング」というのは、グレゴリオ聖歌のことを指す言葉だ。

◎猫のように日常を生きる

僕が猫を飼うようになったのも、保坂さんの影響がある。保坂さんの小説には、いつも猫が出てくる。

保坂さんは猫を何かの比喩として書くのではなく、「猫を猫としてそのまま書く」ということを意識しているらしい。

猫は、物語や事件を必要としない。いつもただそこにあって完成している。猫は日常を生きている。余計なことを考えるのはいつだって人間だ。

先日、テレビの猫番組を見ていたら保坂さんが出ていて、
「猫は、自分が世界のことを考えるときのすべての窓口である存在だ。猫がいなかったら何も考えられない」
というようなことを語っていた。僕も猫が好きだけど、そこまでの境地には達していない。自分はまだまだ修行が足りないなと思った。

何気ない日常の良さというのは、日々の生活に追われているとつい忘れてしまいがちなものだ。

「最近なんか退屈で面白いことがないな」という気分のときは、日常を美しく描いた本を読んでから、自分の毎日を振り返ってみよう。

普段過ごしているなんてことのない日々の中にも、素晴らしいものはたくさん隠れているはずだ。

MORE! CHECK!

『プレーンソング』（保坂和志、中公文庫）

昔、この小説のマネをして2DKの部屋に1人で住んでみたことがあった。だけどあまり誰も泊まりにきてくれなかった。実際は小説のようにうまくいかないものだ。

『1日外出録 ハンチョウ』（上原求 他、講談社）

中年男性3人が楽しそうに、焼き肉を食べたりお祭りに行ったりするだけのマンガ。そんな普通を楽しめるということが、一番幸せなことなのだろう。

『暇と退屈の倫理学 増補新版』（國分功一郎、太田出版）

昔から「小人閑居して不善を為す」と言う。人は豊かになって暇を手に入れると不幸になるのだろうか。人類の最終問題である「暇と退屈」について徹底的に考察した本。

19 豪華な食事より「普通の食事」についで語ったほうがリアル

テレビや広告を見ると、毎日たくさんの美味しそうな料理が紹介されている。

それを見ると、「食べたいな」という気持ちが湧いてくる。しかし、その一方で、僕はちょっとそれに抵抗感を感じたりもする。

人の欲望をあおるものをこれ見よがしに見せるのは、あまり品がないことじゃないだろうかと思うのだ。

たしかに、ジューシーな肉や新鮮な刺し身の映像を見ると食べたくなってしまう。しかし、そうした映像を見せられることで、食欲をコントロールされている感じもする。

それは、果たして本当に自分に必要な欲望なのだろうか。

僕たちが普段食べている食事は、テレビに出てくるようなごちそうばかりではない。

別に豪華ではなくて、「まあ、こんなものか」と思いながら、なんとなく食べる食事のほうが多いはずだ。

美食について書いた本よりも、そうした「普通の食事」について語っている本のほうが、僕は信用できるし、自分の人生に関係がある話だと感じる。

◎しょせん、食事は食事

施川《しかわ》ユウキ『鬱《うつ》ごはん』は、美味しそうなごはんがまったく出てこない食事マンガだ。

主人公の鬱野たけしは求職中の22歳の男性だ。毎日特に楽しいことがないと思いながら、日々の生活を送り、何かを食べている。

このマンガに出てくる食事に、大したものはない。チェーン店の餃子や、インスタントラーメン、宅配ピザなどだ。

鬱野はそんな食事を「他人の咀嚼している様子を想像すると気持ち悪い」とか「ピザはぺしゃんこになった轢死体みたいだ」などと、暗いことを考えながら、いつもあまり美味しくなさそうに食べる。

いつか死ぬその日まで飯を食べ続けなくてはいけないと思うと少しウンザリした

『鬱ごはん』1巻より

とつぶやきながら食事をする鬱野に僕は共感してしまう。

社会にうまく溶け込めない鬱野は、食事のときに失敗することも多い。たとえば、コンビニのイートインでソフトクリームを食べようとするのだけど、イートインにいた女子高生のグループに気後れして、店の外に飛び出してしまう。ゆっくり食べる場所を見つけられなくて、ソフトクリームはどんどん溶けてきて、持っている手に垂れてきて手がベタベタになってしまう。

このマンガに出てくるのは、そういった「ネガティブな食事の話」ばかりなのだけど、読むとなんだか気持ちが落ち着く。

食事をやたらと素晴らしいことのように語るのではなく、「食事なんて、こんなものでもあるだろう」と思わせてくれるところがいいのだ。

食事は、呼吸や排泄《はいせつ》と同じで、人間が生きるためにしなければならない作業の一つに過ぎない。『鬱ごはん』は、みんながわざわざあまり語ろうとしない「食事のリアルな部分」を語っている。

◎暗いときには暗い話を

本の中で鬱野が、「映画の食事シーンは、美味しそうなものではなく、食欲を失せさせるシーンのほうが好きだ」と語る回がある。

物を食べるという動物的行為を汚らしく見せられると
人間の欲深さや業が
そこに映し出されてるように思えて
不思議と目が離せなくなってしまうのだ

『鬱ごはん 1巻』より

このマンガ自体も、まさにそんな作品だ。

何かすごく落ち込んでいるときには、楽しい話や明るい話は読みたくなかったりする。そんなときは、暗い話を読むのがいい。

『鬱ごはん』のように、暗くて地味な本だけが、自分に寄り添ってくれるときがある。

MORE!　CHECK!

『鬱ごはん』（施川ユウキ、秋田書店）

アルミホイルで小さな鍋を作ってそこでポテトチップスを揚げていたら、アルミホイルが溶け出して異常に臭いポテトチップスを食べることになる回が好き。作者の実体験らしい。

『めしばな刑事タチバナ』（坂戸佐兵衛、旅井とり、徳間書店）

牛丼屋とかポテトチップスなどの身近なB級の食べ物について、ひたすらウンチクを語ったり議論したりするマンガ。なんか知らんけど延々とずっと読み続けてしまう。

20

人間は「不健康」でもしかたない

みなさんは普段、健康的な生活を送っているだろうか。

僕は、全然だめだ。

運動が嫌いだし、ジャンクフードが大好きだし、夜ふかしばかりしている。そのせいで、いつも肩こりや腰痛に悩まされている。

もっと運動したりしたほうがいいのは、頭ではわかっている。わかっているけど、面倒くさくて、どうしてもできないのだ。

◎すべて進化のしわざ

「健康な生活ができない自分はなんてダメなんだろう」と思うこともよくある。

だけど、そんな自分のダメさはしかたないのだ、と思わせてくれる本だってある。

『人体600万年史』は、僕らが太りやすいとか腰が痛いとかいう悩みを持つのは、僕らが悪いわけではなくて、進化のせいだ、ということを教えてくれる進化医学の本だ。

なぜ私たちはこんなに太りやすいのか？　なぜ私たちは時々食べ物を喉につまらせるのか？　なぜ私たちの足は土踏まずがつぶれて扁平足になってしまうのか？　なぜ私たちの腰はこんなに痛みやすいのか？

『人体600万年史』より

進化医学とは、進化論を使って、医学について研究する学問だ。

人間がかかる病気はすべて進化の中で生まれてきた。

たとえば、病原菌が体内に侵入したときに、吐いたり下痢《げり》をしたりするのは、病原菌を排出するためだ。

そういうときに嘔吐や下痢をしない個体は、生存率が低くて淘汰されてしまった。だから人間は、みんな嘔吐や下痢をするようになっている。

そんなふうに、身体に起こる大体のことは進化論で説明できるのだ。

◎体は太るようにできている

現代人は、なぜ肥満に悩まされるのだろうか。

それは、昔の狩猟採集時代にはそんなに豊富に食べ物がなかったため、人体はカロリーを効率的に体に蓄えておくように進化したからだ。

当時は炭水化物を食べることは少なかったので、人間の体は炭水化物を見るとたくさん食べたくなるように適応してしまった。

だけど、現代社会では炭水化物はいくらでも安く手に入る食物だ。だから、つい夜中にポテチを食べてしまったりして、そのカロリーが効率よく体に蓄えられてしまう。

つまり、環境と遺伝子のミスマッチが、僕らを苦しめているのだ。

たとえば旧石器時代の狩猟採集民は、定期的に食糧不足に直面していたし、きわめて活発に身体を動かさなければ生きていけなかったから、エネルギー豊富な食物を切望し、休めるときは常に休もうとする方向に自然選択が働いて、脂肪を蓄積しやすい身体になり、より多くのエネルギーを繁殖に費やせるようになった。そうした進化論的な視点から見ると、現在のダイエットやフィットネスのプログラムが成功しないのは想定内で、事実、ほとんどが失敗している。それもそのはず、私たちがドーナツを食べたがるのもエレベーターを使いたがるのも原始的な衝動から来ることで、かつては適応的だったそれらの衝動にどう対抗していいかを、私たちはいまだ知らないからである。

『人体600万年史』より

進化心理学の項目（110ページ）で、「人間の脳には現代社会に適応していない部分がある」ということを書いたけれど、それは脳だけでなく、肉体についても同じことが言える。

僕らが肥満や近視や腰痛などの病気に悩まされるのは、人間の体が狩猟採集時代からそんなに変わっていないのに、生活スタイルだけがその頃とまったく違うものになってしまったことが原因なのだ。

◎農耕は「悪」なのか

人類の文明の進歩は、人体の進化が追いつかないほどにあまりにも速すぎた。

人類が類人猿から分岐したのが600万年前。ホモ・サピエンスが現れたのが20万年前。そして、狩猟採集生活から農耕生活への移行が起こったのが1万年前。

1万年前というと人間の尺度では遥か昔のようだけど、生物が進化するには短すぎるスパンだ。だから僕らの体は、何百万年間の狩猟採集生活の痕跡に適応したままなのだ。

さらに、ここ何百年かの文明の進歩は異常なスピードだった。

産業革命が起こって、大多数の人類が農業以外の仕事につくようになったのは、たった250年前。パソコンでデスクワークをする人間が増えたのなんてごく最近のことだ。

人間の体はそんな生活を送るようにできていないのだ。

人類の歴史に関する本を読んでいると、「農耕は悪」という話がよく出てくる。

たとえば、96ページでも出てきたユヴァル・ノア・ハラリは『サピエンス全史』という本で、「農業革命は史上最大の詐欺」と言っている。

どういうことかというと、狩猟採集生活から農耕生活に変わったことで、人口は増えたけれど、人間の幸福度は下がってしまったのだ。

狩猟採集民は、1日に数時間、森を歩き回って木の実や動物などを探すだけで、食べていくことができた。

一方で農耕民は、1日の大半、農作業をしなくては生活できないようになってしまった。食生活も、穀物ばかりをたくさん食べる農耕民より、さまざまな食材をちょっとずつ食べる狩猟採集民のほうが、栄養のバランスもとれていて健康的だった。

農耕を始めたことで、人間の労働時間は増え、健康状態は悪くなってしまったのだ。

他にも、農耕を始めたことで、疫病や飢饉《ききん》、戦争、暴動などが起こりやすくなったと言われている。

そうはいっても、我々が狩猟採集生活に戻ることは、もはや不可能なのだけれど。

◎「意志の弱さ」は関係ない

こうした本を読むと、「自分が不健康な生活を送ってしまうのは、自分の意志が弱いせいじゃない」「人体がそうなっているから、しかたないのだ」と思うことができて、少し気分がラクになる。

もちろん、それがわかっても腰痛が治ったり、体重が減ったりするわけではないので、健康的な生活を送ったほうがいいことには変わりはない。

しかし、なぜ自分が不健康な生活に流されてしまうのかを知っておけば、必要以上に「自分は意志が弱くてダメな人間だ」などとは思わずに済む。

人体の仕組みを知ることで、自分を必要以上に責めすぎないようにしよう。

CHECK!

『人体六〇〇万年史』（ダニエル・E・リーバーマン著、塩原通緒訳、ハヤカワ文庫NF）

親知らずが曲がって生えてくるのは人類が固いものを食べなくなったせいなのだけど、本当にまったく意味がないので早く生えなくなってほしい（僕は全部抜いた）。人体の進化は遅すぎる。

『サピエンス全史』（ユヴァル・ノア・ハラリ著、柴田裕之訳、河出書房新社）

斬新な視点から語る人類の歴史。人間が小麦を栽培化したのではなく、小麦が人間を家畜化したのだ。小麦が繁殖した代わりに人類は不幸になった、という小麦ディスが激しくて面白い。

MORE!

『心を操る寄生生物』（キャスリン・マコーリフ著、西田美緒子訳、インターシフト）

トキソプラズマが人を大胆にする、腸内細菌が食欲や気分を左右するなど、僕らの行動は寄生生物に変化させられている。「自分のことは自分で決めている」という思い込みはあてにならない。

21
「お金以外の人生の価値」を持っておこう

生きているとなぜ、働いてお金を稼がなきゃいけないのだろう。

そんな根本的なことを、僕はときどき考えてしまう。

現実的な問題として、この社会の中ではお金がないと生きていけない。

それはわかる。だけど、そんな仕組みになっていることがどこかおかしい気もするし、人生はお金だけでは満たされないという面もある。


仕事がなくてまったく何もすることがないのはむなしいけれど、仕事ばかりしていても不幸せになったりする。

仕事やお金に対して、どう向き合えばいいのか。そのあたりのバランスがよくわからないのだ。

僕が大学で学んだことの一つに、「思考の基本は比較」というものがある。

何かについて考えるとき、比べる対象がないとうまく考えられない。

たとえば、自分の住んでいる町について考えるとする。

他の町についてまったく知らないと、「この町が普通で当たり前で、それ以外のあり方は考えられない」となってしまう。

他の町と比べることで初めて、「この町のこういう部分はよくないんじゃないか」とか「ここは誇るべきところだ」という発想が出てくるのだ。

仕事やお金についても、自分の住んでいる社会だけを見るのではなく、他の社会と比べてみることで、見えてくることがたくさんある。

◎今も存在する「貝殻のお金」

『働くことの人類学【活字版】』は、世界のさまざまな地域について調査をしている人類学者たちが、仕事やお金というテーマについて語っている本だ。もともとはポッドキャストの番組で、それが書籍化された。

世界中のどこでも、人は仕事をしてお金を得て生きている。それはみんな同じだ。

しかし、仕事やお金についての考え方は、それぞれ全然違っていて、面白い。


この本の中で面白かったのが、貝殻のお金を法定通貨として使っているパプアニューギニアの「トーライ」という社会の話だ。

貝殻のお金を使っているというと、すごく未開な生活のようなイメージを持ってしまうけれど、そうではない。ちゃんとした町もあって、普通の貨幣もちゃんと流通しているところで、貝殻のお金も使われているのだ。


貝殻のお金は、「タブ」と呼ばれていて、普通のお金とは別の意味を持っている。

会社などで労働をして受け取るのは普通のお金だし、買い物をするのも普通のお金だ。

タブはどう使われるかというと、買い物をすることもできるし、交換所でタブと普通のお金を交換することもできる。しかし、タブのメインの使い道は他にある。

それは、結婚式や成人式や葬式など、冠婚葬祭のときに贈るものとして使われるのだ。

◎「人望の多さ」をあらわす通貨

この社会では「タブをたくさん持っている」ということは、「親戚や地域の中で人望がある」ということを表している。

普通のお金をたくさん貯めてもあまり尊敬されないけれど、タブをたくさん持っている人は偉大な人物として尊敬される。タブは、名誉や人望といった、コミュニティの中の社会的価値を表すお金なのだ。

彼らにとっては会社で仕事をして普通のお金を稼ぐことよりも、地域や親戚に貢献してタブをたくさん貯めることのほうが大切とされている。

ちなみに、貯めたタブは、その人が死んだら全部、葬式のときに来た人に配ってしまう。葬式のときにたくさんタブが集まっていると、「あの人はすごい人物だったんだな」とみんなに尊敬される。

そうやって死ぬのが最高に名誉なことなのだ。

深田：「お金をいくらもっていても虚しい」という言い方を私たちはしますが、トーライ社会でもいわゆる法定通貨については似たようなところもあります。でも、貝殻のお金に限っては、たくさんもっていることが充実した人生を送っている証になるようなところがあります。

お金って、私たちにとってはなにか物と交換するための道具ですよね。お金を何かにかえて、それで初めて充実感が得られる。だからいくらお金をもっていてもそれだけでは虚しいとなるわけですが、トーライの貝殻のお金は、それ自体がどこか最終目的のようになっていて、そこは私たちとは違うかもしれません。

『働くことの人類学【活字版】』より

普通のお金というのはいくら貯めても、それだけでは充実感につながりにくい。

だから、タブのように、お金以外のもう一つの価値基準がはっきりとあって、「お金がすべて」とならないのはいいことだと思う。

◎人間関係を取るか、自由を取るか

僕たちの社会でも、お金以外の名誉とか人望といった価値基準はあるけれど、それに対応するタブのようなものはない。

だから、社会からの尊敬が欲しいお金持ちは、いい家に住んだり、いい車に乗ったり、もしくはどこかに多額の寄付をしたりして、社会に認めてもらおうとする。

タブを持たない僕たちは、冠婚葬祭のときには普通のお金の中からキレイな新札を探して特別な袋に入れて贈るという、面倒くさいことをしないといけない。

その点は、トーライ社会のほうがよくできているなと思う。

ただ、コミュニティの中での名誉や人望を表すタブが大事にされる社会は、親戚や地域などの人間関係がとても密な社会だ、という見方もできる。

そうしたしがらみを断ち切って、すべてをお金で解決できるほうが気楽で自由でいい、と考える人も多いだろう。

お金という一つの基準ですべてが判断される資本主義社会というのは、親族や地域とあまり関わらず、自由に生きられる社会のことでもあるのだ。

お金があれば何でもできる社会は便利だ。

だけど、お金を貯めること自体を目的にするとむなしくなってしまう。

お金というのは、あくまで何かをするための手段に過ぎないからだ。

目的と手段を混同すると、そもそも何が自分にとって大切だったのかが、わからなくなってしまう。

幸せに生きるためには、お金とは別の大切なもの、つまりお金以外の価値基準を持っていることが必要だ。

トーライ社会のように親族や地域との関わりを大事にするというのも一つの道だし、それ以外の価値基準もいろいろあるだろう。

お金以外で、「人生の中でこれが大事だ」と思える基準を、何か持っておこう。

MORE!　CHECK!

『働くことの人類学【活字版】』（松村圭一郎 他 編、黒鳥社）

紹介した貝殻のお金の話以外にも、アフリカの遊牧民の話や狩猟採集民の話などが載っていて、自分の持っている仕事観はとても狭いものだったんだな、と気づかされる。

『バイトやめる学校』（山下陽光、タバブックス）

「途中でやめる」というブランドで変わった服を作っている山下さんが、バイトをやめて好きなことをやって生きていくやり方を語る。就職以外の謎の生き方の例が多数。

22 「なぜ家族と暮らすんだろう？」と疑ってみる

読書は、日常のなかで当たり前すぎて意識していないことについて、あらためて気づかせてくれる。

たとえば、家族についてもそうだ。家族というのは、人間のもっともプライベートな部分なので、自分の家族以外の家族がどんなものなのかは見えにくい。

気軽に話題にしにくい家族の話も、本でなら手軽に読める。本を読むと、自分が当たり前だと思っていた家族像が、まったくそうでなかったことに気づかされたりする。

ずっと家族が苦手だった僕は、田《た》房《ぶさ》永《え》子《いこ》『母がしんどい』を読んだとき、「母がしんどいって、言ってもいいんだ！」と衝撃を受けた。

◎「毒親」というブーム

『母がしんどい』は、田房さんが母親のことを描いたコミックエッセイだ。この母親が強烈だ。機嫌のいいときは（一方的に）親切なのだけど、ちょっとしたことで激怒してものすごく攻撃的になる。

何くだらないこと言ってんだお前はバカか‼
誰がここに住まわしてやってんだ‼
親のことバカにするなら今すぐ出ていって一人で生きていけ‼

『母がしんどい』より

自分は子どもを愛していると思っているけれど、その愛情は自分勝手で、子どもの都合はまったく考えていない。すぐに相手の人格を否定するような言葉を吐いて、絶対に自分の過ちを認めない。

そして、そんな母をまったく止めない空気のような父がいる。

この本では、田房さんがそんな家庭で悩みを抱えながら育ち、最終的には親との縁を切って自由に生きるまでの話が描かれている。

僕は、「母がしんどい」と堂々と言っている本が出版されていることに、勇気づけられた。

この本を読んで思ったのは、うちは田房さんの家よりはマシだったな、ということだ。田房さんみたいに、角材を持って追いかけられたりすることはなかったからだ。

『母がしんどい』の出版は2012年だ。たしか2010年あたりから、「毒親」という言葉が流行り始めた。

なぜ、この時期に「毒親」ブームが起こったのだろうか。

それは、結婚するのが当たり前だった団塊の世代（1947〜1949年生まれ）に育てられた、団塊ジュニア世代の子どもたち（僕もそうだ）が30代くらいの歳になって、自分の意見を発信し始めたからなんじゃないかと思っている。

◎家族という「ブラックボックス」

家族社会学者の永田夏来《ながたなつき》『生涯未婚時代』によると、団塊の世代の頃は95％くらいの人が結婚していた。いわゆる「皆婚社会」だった。

しかし、現在では2割くらいの人が50歳まで結婚しないままでいるらしい。

みんなが結婚していた時代は、家族が社会の中でいろんなものの受け皿になっていた。

それにはいいこともあったけど、よくない面もあった。

人間の抱えているさまざまな問題を家族が受け止めてくれていた一方で、家族にかかる負担もとても大きかったのだ。

私達は「家族は良いもの」だと考えがちですが、そもそもそんな保証はどこにもないということを忘れてはいけないでしょう。家族は閉鎖的な空間で、もしも家族関係が暴力に転じた場合には逃げることがかなり困難です。皆婚時代は確かにすべての若者を家族に包摂したかもしれませんが、金銭や人間関係などの問題を家族が引き受けていたという側面もあります。

『生涯未婚時代』より

95％くらいの人間が結婚をしていたということは、結婚に向いてない人も結婚していたということだ。そして、離婚をするのも今よりずっとハードルが高かったし、女性の社会進出も今よりずっと遅れていた。

そんな状況の中では、家族の中で問題が起こっても、その中でなんとか我慢をしてやっていくしかなかった。そうやって、さまざまなひずみが家族というブラックボックスの中に押し込められていたのだ。

そのひずみが子どもに対して強くのしかかった結果が、「毒親」なんじゃないだろうか。

◎「人生のモデル」の崩壊

時代の変化によって未婚率が上がった現代では、恋愛や結婚や家族について、今までとは違う価値観を作っていく必要がある、と『生涯未婚時代』は語る。

昭和の時代に一般的だった、

「結婚出産を経て配偶者と添い遂げる」

「正社員として定年まで働く」


といった人生モデルは既に崩壊してしまった。

社会の変化のスピードが速い現代では、親の世代の生き方は参考にならない。

前の世代の人生モデルは崩れてしまったけれど、それに代わる新しいスタンダードな生き方はまだ生まれていない。

現在は、みんなが試行錯誤しながら、前例のない生き方を探っていくしかない時代になってしまったのだ。

◎子育てを「みんな」でやれないか

佐々木ののか『愛と家族を探して』は、一般的な「家族」の形とは少し違う、「家族のようなもの」を作っている人たちへのインタビュー集だ。

1年ごとに契約結婚を更新する夫婦、恋愛やセックスに興味がないけど子どもは欲しくて精子バンクを利用する女性、児童養護施設で育った女性など、さまざまな人たちの話が取り上げられている。

その中に、90年代にあった「沈没ハウス」という家の話が出てくる。

「沈没ハウス」というのは、シングルマザーが複数人の大人と一緒に子どもを育てていたという家で、ダメ人間が集まった「だめ連」という集団の周辺で生まれたものだ。

「子どもはたくさんの大人の中で育ったほうがいい」、そして「子育ては人手が必要なので親以外の大人も関わってみんなでやったらいい」というコンセプトでできた家らしい。

沈没ハウスには、ただ子どもの相手をするのが楽しいから遊びに来る、みたいに、軽い気持ちで参加する大人も多かったらしい。ゆるい感じでいいと思う。

親だけで子育てをするのは大変だし、外の人が適度に入ってきたほうが、家族の中だけで煮詰まりにくい。

いろいろな大人に触れることは、子どもにとってもよいことだと思う。

沈没ハウスで育てられた加納土《かのうつち》さんが、「加納さんにとって家族とは何でしょう?」と聞かれたときの答えがよかった。


「家族」という概念は、僕の中にはないですね。母も、山くんも、沈没ハウスの保育人たちも楽しい思い出を共有できた大切な存在ですが、「この人は僕の家族だ」と思った人は今までの人生で一人もいないかもしれません。

僕は家族だと思える人がいないままに育ちましたけど、楽しい思い出を糧に生きているので、「家族」ってなくてもいいんじゃないかなと思うんですよね。そろそろ死語になるんじゃないかな(笑)。

『愛と家族を探して』より

◎「つながり」があればいい

人が生きていくには誰かと親密に関わらないといけないのはたしかだ。

でも、その関係性を「家族」か「家族じゃない」かに無理に分ける必要はない。

「一緒の家に住んでいる」とか「血縁関係がある」という共通点があると、人とのつながりを維持しやすい。

だけど、それは絶対に必要な要素ではない。

大切なのは、孤立せずに人とつながれる状態にあるかどうかで、その関係性の名前はどうでもいいのだ。

家族の悩みというのは人に言いにくいものだけど、本を読むと自分と同じような悩みを抱えている人を見つけることができる。

こんなふうに、身の回りにある当たり前の関係について、見直すことができるのも読書のよいところだ。

MORE! CHECK!

『母がしんどい』（田房永子、角川文庫）

母と娘の関係は、それ以外の親子関係よりも、特別に重くて複雑なところがあるようだ。田房さんも参加している斎藤環の対談集『母と娘はなぜこじれるのか』（ＮＨＫ出版）も参考になる。

『生涯未婚時代』（永田夏来、イースト新書）

若者の恋愛離れ、できちゃった婚、「逃げ恥」婚、友達親子、おひとりさま、シェアハウスなど、恋愛や家族を巡るさまざまなキーワードから現代を照らし出す。

『愛と家族を探して』（佐々木ののか、亜紀書房）

1年ごとに更新する契約結婚のカップルは、今は事実婚だけど、扶養などのメリットがある状況になったら法律婚をしてもいい、と語る。制度なんてそれくらいの感覚で利用していけばいいと思う。

『結婚の奴』（能町みね子、平凡社）

一般的な恋愛や結婚に違和感を持つ著者が、性的対象ではない人と「結婚（仮）」をする話。ある程度生活を共有するけど、人生のすべてを共にするわけではないパートナーというのがいてもいい。

23 ノンフィクションの「知らない世界」が視野を広げる

本を読む前は「そんなのありえない」と思っていたことが、読み終えると「意外とありかもしれない」と意見が変わってしまうことがある。

今までまったく考えたこともなかったことを教えてくれて、価値観をひっくり返してくれることがあるから、読書は面白い。

◎「セックス」をちゃんと考える

濱野《はまの》ちひろ『聖なるズー』は、まさに価値観を変える一冊だった。
この本は、動物とセックスをする人たちのことを取材したノンフィクション書だ。
これまでは、動物とのセックスなんてまったく興味がなかった。気持ち悪いし、モラル的によくないことだし、自分とは関わりのないことだと思っていた。

しかし、読み終わると考えが変わった。

この本は、単なる珍しいセックスについての本ではなく、人と動物の関わりとは何か、愛やセックスとはどういうことか、そんな普遍的な問題について考えさせられる本だった。

そしてそれは、猫のことを家族同然だと思って飼っている僕自身にも、とても関係がある話だったのだ。


濱野さんは、結婚相手からの性暴力に苦しんだ経験から、愛やセックスについて研究をしたいと思い、動物性愛に興味を持つ。そして、ドイツに動物とセックスをする人たちの団体があることを知り、取材を始める。

動物をセックスのパートナーとする人たちは、自分たちのことを「ズー」と呼ぶ。ズーファイル（動物性愛者）の略だ。ズーがセックスのパートナーとするのは犬が多く、ときどき馬もいる。猫はいない（サイズ的に合わないらしい）。

ズーには、自分が男性でオスが好きな人もいるし、メスが好きな人もいる。女性でオスが好きな人もいるし、メスが好きな人もいる。

ズーに対する代表的な批判は、「動物とセックスをするのは不自然だ」というものだ。

しかし、セックスについて「自然か、不自然か」という議論をすると、人間のするほとんどすべてのセックスは不自然になってしまう。

人間にとって、ほとんどのセックスは子どもを作るという本来の目的を離れて、コミュニケーションや楽しみを目的としてするものだ。だから、自然か不自然かという議論には意味がない。

現在では、ペットを家族の一員だと考える人は多い。

動物を家族にすることがありなのだったら、その延長として、動物とセックスをするということもありなのではないだろうか。

◎動物と対等に生きる人たち

ズーに対しては、「動物とのセックスは虐待ではないか」という批判も多い。

しかし、ズーの人たちは動物がしたがらないときはしないらしい。動物と暮らしているけれど、「相手が求めないからセックスをしたことはない」と語る人もいる。

「彼女が求めないからだよ。動物にはそれぞれ個性や性格、好みがあるんだよ。人間と同じようにね。キャシーは、セックスをしたがらないタイプだった。もしも彼女が求めていたら、僕は応じたと思う。ペニスを挿入する行為は好きではないが」

『聖なるズー』より

相手がしたければするし、気が乗らなければしない。このあたりは、人間同士のやり取りと何も変わらない。

セックスばかりが話題にされがちだけど、ズーの本質は、動物を人間と対等な存在だと認めているところにある、と著者は語る。

僕たちが普段、犬や猫の性についてあまり考えないで済んでいるのは、ペットとして飼う場合、「去勢・避妊」をするのが一般的になっているからだ。

早めに去勢や避妊をしたほうが、ずっと子どもっぽい性格のままでいるのでかわいい、そんなこともよく言われている。

それはペットを「性を持たない子ども」として扱いたいということなのだ。僕が飼っている2匹の猫も、避妊・去勢済みだ。もう年寄りなのに、いまだに子どものように四六時中甘えてくる。それはすごくかわいいのだけど、人間に置き換えて考えてみると少しグロテスクでもある。

自分がもし、異星人か何かにペットとして飼われて、去勢されてずっと家の中に閉じ込められ、一生、赤ん坊のように扱われたらと考えると、とてもつらい。

動物だって去勢をしなければ、人間と同じように性欲がある。動物を人間と対等な存在として扱うならば、去勢をして動物の性を無視するのではなく、性の部分にも向き合うことが必要なんじゃないだろうか。それを実践しているのが、ズーたちなのだ。


ズーであることとは、「動物とセックスすること」と必ずしも同義ではないと、私はドイツでの旅を通して理解した。彼らはセックスを目的としていない。私が見てきたズーたちにとって、ズーであることとは、「動物の生を、性の側面も含めてまるごと受け止めること」だった。

『聖なるズー』より

人間が持つ、親密さや愛情や性欲、そうした感情たちは境界線が曖昧で混じり合っていて、完全に切り分けることができないものだ。だから、ペットに対しても、ふとしたきっかけで親密さが性欲につながってくるということはあるのかもしれない。

人間の性や愛は、動物を対象にすることもできるし、アニメやゲームの中の存在を対象にすることだってできる。もっと科学が進歩したら、ロボットやＡＩに恋をしたり、家族にしたりする人だって出てくるかもしれない。

自然が決めた本能にしばられることなく、なんでもありうるからこそ、人間の精神は面白いのだ。

「何を考えているかまったくわからない」と思うような人についても、本を読んでみると意外と共感できる部分があったりする。理解できないと思ってしまうのは、ただ単に知らないだけかもしれない。

本を読むことで「理解不能だ」と思っていたことが「わかるかもしれない」に変わる。

その瞬間が一番ワクワクする。
そんなふうに、視野を広げてくれる本を探して読んでみよう。

MORE! CHECK!

『聖なるズー』（濱野ちひろ、集英社）

犬は人間よりも寿命が短いので、パートナーは自分よりも早く死ぬ。だけど、それはパートナーの幼少期から死までを丸ごと受け止められるということでもある、という話に凄みを感じた。

『飼い喰い　三匹の豚とわたし』（内澤旬子、角川文庫）

屠畜についてもっと知りたいと思った内澤さんは、自分で豚を育てて食べてみることにする。ペットと家畜、かわいいと美味しそうの間に、はっきり線は引けるのか。

『BEASTARS』（板垣巴留、秋田書店）

擬人化された動物たちが主人公のマンガ。肉食獣と草食獣が仲良く暮らしつつも、相手を食べたいという欲求も消せずにいる。本能と感情と社会性のせめぎあいを描く。

4
章

読書で「自分のこと」を誰よりも知る

24 「人生を振り返る時間」をつくる

最近、自分の人生を振り返ってみたことがあるだろうか。
毎日の生活に追われていると、なかなかそんなヒマはないかもしれない。
だけど、たまには時間を取って、ゆっくりと自分の人生を見直してみたほうがいい。
「自分はこんなふうに生きてきた」と思っている内容は、本当に正しいだろうか。
人間はすぐに思い込みにとらわれて、現実を見失ってしまう生き物だ。
自己正当化をするあまりに、何か大事なことを見逃してはいないだろうか。

◎自分を振り返る読書

人生を振り返る小説といえば、アガサ・クリスティーの『春にして君を離れ』だ。

「何日も何日も自分のことばかり考えてすごしたら、自分についてどんな新しい発見をすると思う？」

『春にして君を離れ』より

アガサ・クリスティーといえばミステリ作家として有名だ。しかし、この作品はミステリではない。人は死なないし何も事件は起こらない。ただひたすら主人公が自分の人生を振り返るだけの話だ。

それなのにすごく面白い小説になっているのは、さすが「ミステリの女王」と呼ばれた達人の作品だ。1ページごとに少しずつ、隠された真相に近づいていく書き方がとてもスリリングなのだ。

主人公のジョーンは、夫と3人の子どもがいる主婦だ。子どもはみんな成人して家を出ている。ずっと夫婦仲はよく、子どもたちも全員、いい結婚相手を見つけて、とても幸せで平和な家庭を築いてきた。

こんなに家庭がうまくいっているのは、自分が家の中のことをすべて取り仕切ってきたからだ、と彼女は自負している。

ジョーンはバグダッドにいる娘を訪ねたあと、イギリスまで汽車で戻ろうとする。

しかし、線路が豪雨で流されて汽車が来られなくなってしまい、砂漠の真ん中の何もない宿泊所で、何日も足止めされてしまう。彼女は、いつ来るかわからない汽車を待ちながら、自分の人生を振り返り始めるのだ。

◎すべては自己満足

ジョーンは、良き妻として、良き母として、今まで精一杯やってきたと思っていた。

しかしそれは、すべて独りよがりの自己満足だったのかもしれない、という疑いが、彼女の頭の中に湧いてくるようになる。

夫が、弁護士の仕事がつらいので辞めて農場を経営したいと言ったときに、「子どもみたいな馬鹿なことを言ってはいけない」と必死で止めたこと。

娘が恋をしたときに、愚かな一時的な気の迷いに過ぎないと決めつけて、頭から否定したこと。

夫が自分を旅に送り出したとたん、元気になったように見えたこと。

ジョーンは、自分以外の家族はみんな頼りないから、自分が必死でみんなの行く道を正すことでこの家を支えてきたと思っていた。

だけど、そう思っていたのは間違いで、自分は家族の気持ちにまったく目を向けず、自分の気持ちを一方的に押し付けてきただけだったのではないだろうか。

本当に自分は家族のために尽くしてきて、家族のことを愛していて、家族から愛されているのだろうか。


「あのね、お母さま、あたし、自分の友だちも自由に選べないの？」

「そんなことはないわ。でもねえ、わたしの助言も受け入れてくれないと。あなたはまだとても若いんですからねえ」

「つまり、あたしの思い通りになんか、できないってことね。やりたいことを何一つやれないいなんて！　この家はまるで牢獄だわ！」

『春にして君を離れ』より

◎ 見ないフリをせず「向き合う」

『春にして君を離れ』は１９４４年に発表された小説だけど、今読んでもまったく古さを感じない。人間の心の動きや愚かさは、今も昔もまったく変わらないのだ。

この本を読んで、僕も思い当たることがいくつもあった。

「あれは自分が正しかった」と思わないとやってられなかった過去の出来事についても、自分に都合の悪い部分に気づかないフリをしていただけで、思い返してみると本当は自分にもよくない面がたくさんあった。

見たくないから見ないでいたことを、あらためて見つめ直すのは怖い。

だけど、見ないフリをしてずっと生きていくよりは、きちんと向き合ったほうがいい。

目を背けてきたことには、いつか必ず追いつかれるのだ。

後悔のない人生を送るために、ときどき自分の人生を振り返って考え直してみよう。

普段と同じ生活を送っているとなかなか落ち着いて振り返りにくいので、この小説のように、一人でゆっくり遠くに出かけてみたりできるといいだろう。

CHECK!

『春にして君を離れ』（アガサ・クリスティー著、中村妙子訳、クリスティー文庫）

この小説を読むたびに、いろいろと思い返すことが多すぎて精神が不安定になってしまう。クリスティーという人は、本当に人間をよく見ていた人なのだな、と思う。

MORE!

『カーテン』（アガサ・クリスティー著、田口俊樹訳、クリスティー文庫）

名探偵ポアロ最後の事件。僕はポアロシリーズをまったく読まずに、いきなり最後のこれを読んだのだけど（邪道）、すごく面白かった。ポアロを含めてみんな老いている感じがいい。

『愛すべき娘たち』（よしながふみ、白泉社）

女性の生き方を描いた連作マンガ。娘は母の裏返しのように育つかもしれないけれど、その母もかつては娘として、自分の母の裏返しとして育ったのだ。

25 自分の情けない部分を「私小説」のように書く

「文章を書いてみたいけど、何を書いたらいいかわからない」

そういう人は意外と多いと思う。そんな人には、とりあえず「自分のこと」を書いてみるのをすすめたい。

僕も昔から文章を書きたいという気持ちがあったけれど、若い頃は書くことが何も思いつかなかった。

それは、今思い返すと当然なことだ。若い頃は、まだ人生経験が少ないので、自分の中に書くことがあまりない。

書く内容のない人間が書けることは自分のことくらいだ。大学生のときに、僕はブログを開設して、日々起こったことや考えたことなど、自分のことをひたすら書いていた。

ブログ時代も、本を出すようになった今も、僕の書いていることはあまり変わらない。僕はずっと自分のことだけを書き続けている。

自分のことを書くのは文章の基本だ。そしてそれを小説にすると、「私小説」と呼ばれる。

◎「自己暴露」のすすめ

小谷野敦《こやのあつし》の『私小説のすすめ』は、小説を書いてみたいけど何を書いたらいいかわからないという人に、私小説を書くことをすすめている本だ。帯には「才能がなくても書ける。それが私小説。」とある。

「私小説は、ただ自分のことを書いているだけのダメな小説だ」という意見が昔からある。だけどそうではなく、私小説は立派な文学の一ジャンルであり、多くの有名作家たちも私小説的な作品から始めたということが、この本では語られている。

小谷野さんは、「私小説の本道は自己暴露」だと言う。

私が定義する「私小説」は、書くことによって自分の名誉を危険にさらす、つまり恥をかくことが多いものである。しかし人間には、そうなっても、それを書かずにいられないという時がある。

『私小説のすすめ』より

その私小説の恥ずかしさを、モーパッサンは「皮剥ぎの苦痛」と呼んだらしい。しかし、その苦痛こそが、私小説を書き、読むことの醍醐味だ、と小谷野さんは言う。

この本で一番大きく取り上げられている私小説は、田山花袋《たやまかたい》の『蒲団《ふとん》』だ。1907年に発表された『蒲団』は、日本の私小説の原点と言われている。

中年男性で作家の主人公（妻子あり）が、弟子入りしてきた若い女学生に一方的な恋心を抱いて、醜態《しゅうたい》を晒しまくるという話だ。自身の恥ずかしい体験を赤裸々に描いたこの作品は、当時かなりの話題になって物議を醸した。

『蒲団』は今から100年以上前の小説だけど、今読んでも面白い。

好きな女学生に恋人ができたとき、本人に対しては「君たちの恋を応援するよ」と偉そうなことを言いつつ、家では酒を飲んで泥酔して、便所の床で寝転がるところとか、滑稽で笑えると同時に共感もする。

人間のみっともなさや、恋愛で苦しむ様子は、100年経ってもあまり変わらないのだなと思う。

私小説というのは情けない話ほど面白い。

同じ私小説的な作品でも、それ以前の森鷗外《もりおうがい》の『舞姫』（女性を捨てた自慢話）などとは違って、『蒲団』はその情けなさこそが斬新で画期的だった。

何かを書きたい人は、自分のどうしようもなく情けなくてダメな体験を書いてみればいい。それがダメな体験であればあるほど、面白い文章になる。

◎書くことで人生が前に進む

自分の情けなくてつらい経験を書くことは、それを誰にも見せなかったとしても、「書くこと自体が自分の人生を進めてくれる」と小谷野さんは言う。

書きながら、あまりの辛さに投げ出したくなったり、こんなことを書いていいのかと怯えたりするようなことこそ、積極的に書くべきものである。心理療法で、箱庭を作らせたり、絵を描かせたりするものがあるが、私は、私小説療法というのがあってもいいと思っている。

『私小説のすすめ』より

書くことで自分の中の何かが解決されるという感覚は、とてもよくわかる。

僕が自分のことを文章にし続ける理由は、自分の人生を前に進めたいからだ。

書くことには、自分に起こった出来事を消化して、昇華して、次の段階に進めるようにするという効果がある。

書くことは、過去の自分の埋葬のようなものなのだ。

今の時代は、SNSやブログが新しい私小説みたいなものだ。

ネットを見ると、みんな自分のことを語っている。

まったく知らないどこかの誰かが自分の情けない体験をさらけ出した文章が、無数にアップされている。

みんな、どんどん、自分のダメな部分の話をネットで書けばいいと思う。

ダメであればあるほど、他人にとって面白い読み物になるし、書いた本人も、書くことで救われる。同じ悩みを持った人には人生の参考になる。

身近な人には言いにくい話でも、ネットで匿名なら吐き出しやすい。インターネットというのは、巨大な集団治療場みたいなものだと思う。

自分の中で何か引っかかっていることがあったら、ネットに吐き出してみよう。

MORE! CHECK!

『私小説のすすめ』（小谷野敦、平凡社新書）

小谷野さん自身も、自分がストーカーになったり童貞を捨てるのに苦労したりしたという情けない体験を『悲望』『童貞放浪記』（幻冬舎文庫）といった私小説として書いていて、それらもすごく面白い。

『蒲団』（田山花袋、青空文庫）

明治の人は恋愛と性欲を切り離していて、プラトニック・ラブをとても尊いと考えていたのが興味深かった。今と変わらないところもあるけれど、違うところもあって面白い。

『もてない男　恋愛論を超えて』（小谷野敦、ちくま新書）

もてないというのは恥ずべきことなのだろうか。古今東西のさまざまな文学作品を手がかりとしながら、もてない男の視点から恋愛について語る。

26 勝手に頭の中で「物語」を作るのを止めてみる

人間の直感は、頼りになるときもあるけど、間違えることも多い。

間違えないためには、直感が得意な状況と苦手な状況があるのを知っておくことが大事だ。

どういうときに直感は頼りになって、どういうときはあてにならないのか。

それを僕は、麻雀やパチンコといった「ギャンブル」を通して学んできた。

◎人間は「物語」を見出してしまう

ギャンブルの世界には、「流れ」や「ツキ」といった概念がよく出てくる。

たしかに、自分で実際に麻雀を打っていても、「なんか流れが来ていて勝ちまくっている」とか「今日は全然ツカない」と感じることが多い。

しかし、片山まさゆきの麻雀マンガ『ノーマーク爆牌党《ばくはいとう》』には、ツキや流れを全否定する鬼押出《おにおしだし》というキャラが出てくる。

それは打ち手の思い込みなんだよ
実際にあるのは関連性のない偶然が積み重なった現象だ
それが結果としてツキや流れに見えるだけなんだ

『ノーマーク爆牌党』2巻より

では、なぜ人間は実際には存在しないツキや流れを感じ取ってしまうのだろうか。それは、「人間の心が弱いからだ」と言うのだ。

たとえば、サイコロで5回連続で「1」が出たとする。そうすると次に出るのは何だろうか。次もやっぱり続けて「1」が出るだろうか。それとも、そろそろ「1」が出るのは限界だろうか。

答えは簡単だ。どんなときでも次に「1」が出る確率は6分の1だ。

しかし人間は、5回連続で「1」が出たということに、どうしても意味を見出してしまう。「次も『1』が来る」あるいは「もうさすがに来ないだろう」と思ってしまう。

それは、人間は、世界の中に「物語」を見出すことで生存確率を上げてきた生き物だからだ。

◎「無意味」に耐えられるか

自然界では、「痕跡があるから近くに獣がいる」とか「こういう雲が出ると天候が崩れる」など、原因と結果を結びつけて、物語を作って推測することが有効だ。だから、人間はそんなふうに進化してきた。

しかし、サイコロをひたすら振るといった純粋な確率勝負の場では、そうした思い込みは通用しない。そこにあるのは文脈も意味もない、ただのランダムな結果だからだ。

それにもかかわらず、人間の脳は物語を作るのがクセになっているので、勝手な物語を作り上げてしまう。

だから、人間は確率を判断するのが苦手なのだ（人間が確率を苦手な例としては、確率を扱った「モンティ・ホール問題」を、天才数学者と呼ばれたポール・エルデシュが間違えた、という話が有名だ）。

人は無意味に耐えられない。

どんなことでもそこに意味があると思いたがる。人間の弱い心は、ランダムな物事の中に、勝手に意味や意図や意思を読み取ってしまう。

これも、84ページで紹介した、人間の脳が持っている「認知バイアス」の一つだ。

つまり、ギャンブルというのは、架空のわかりやすい意味や物語を信じたくなる自分の心との闘いなのだ。

正しいのは確率だけだ。余計なことを考えずに、淡々と確率に従って打ち続ける人間だけが勝つことができる。

それはギャンブルに限らず、仕事でも一緒だ。自分勝手な物語を作らずに、一番効率のいいやり方を冷静に選ぶ人が、一番勝率が高い。

ただし、まったく物語や意味を持ち込まず、確率だけに従って行動するのは、とてもつまらない作業ではある。

無意味の中に勝手な意味を読み取るからこそ、人はただサイコロを振り続けるだけのゲームに物語性を見出して楽しむことができる、とも言える。

◎「現実」を受け入れる方法

147ページでも書いたように、この世界や宇宙や人生なんてものはすべて無意味なものだ。

しかし、人間はすぐに妄想をして、勝手な意味や物語を作り出してしまう。

それは人間の面白いところでもあるけれど、弱さでもある。

たとえば、失恋をして苦しいのは、相手が自分のことを好きになってくれるはずだという間違った妄想を頭の中で育ててしまったせいだ。

相手が自分のことを好きにならないということなんて、本当は最初からわかっていたはずだ。

だけど、自分に都合の悪い部分を見て見ぬ振りをして、勝手な物語を作り上げてしまっていた。勝手な妄想が勝手に破れて勝手に苦しんでいる。なんて勝手なんだろうか。勝手な物語を作らず、現実を正しく認識すれば苦しむことはない。ブッダもそういうことを言っていた。


あるところに小さい子どもも亡くして深い悲しみにくれている母親がいた。

彼女はブッダの元を訪れ、子を生き返らせてもらえないか、と相談する。

ブッダはこう言った。

「この村の家からけしの実をもらってくれば、亡くなった子を生き返らせてあげましょう。ただし、これまでに一度も死人を出したことのない家からもらってきてください」

彼女は村の家々を回った。

しかし、一度も死人を出したことのない家は存在しなかった。

死というのは当たり前のことだ。

誰も彼も必ず死ぬ。それは誰にも避けられないことだ。

だけど、「この子が死ぬなんてありえない」と思っていたから、彼女は苦しんだ。それは間違った思い込みだったのだ。

現実とはかけ離れた妄想を抱いているから人は苦しんでしまう。そのことに気づいた彼女は、出家して悟りの道を目指したという。

◎「悟り」という状態

それでは、仏教が目指している悟りとは一体どういうものなのだろうか。

魚川祐司《うおかわゆうじ》『仏教思想のゼロポイント　「悟り」とは何か』では、「悟り」という状態のことを、次のように説明している。

> 私達衆生にはその生来の傾向として、対象を好んだり嫌ったりして、それに執著する煩悩、即ち、貪欲と瞋恚が備わっている。こうした煩悩の作用に無自覚であり続けることによって、私たちは「物語の世界」を形成し、それに振り回されて苦を経験するわけだから、この瞋恚と貪欲、即ち「憎愛」のはたらきを止めさえすれば、そこは直ちに現法涅槃の境地になるわけである。
>
> 『仏教思想のゼロポイント　「悟り」とは何か』より

「執著《しゅうじゃく》」は執着のこと、「瞋恚《しんい》」とは怒りや恨みのことで、「現法涅槃《げんほうねはん》」とは現世で悟りを得ることだ。

難しい言葉が多いけれど、簡単な言葉に直すと次のような内容になる。

人間は欲望を持つことで、勝手に自分に都合のいい物語を作り出してしまう。だけど、その物語は、現実とは食い違っている。だから、そこに苦しみが生まれる。物語を作り出すことを止めて、世界のありのままを認識できるようになれば、執着から解放されてラクになれる。それが、悟りなのだ。

人間を苦しませるのは、自分が勝手に作り出した意味や物語だ。

現実を正しく認識して、不可能なことを可能だと思わなければ、苦しまずに済む。

そうは言っても、それは簡単にできることじゃない。それができるなら、この世は悟りを開いたブッダばかりになってしまう。

それでも、「どうすれば苦しみはなくなるか」という方向性を知っておくと、それだけでラクになることは多いと思う。

自分の中の妄想を止めることを、ときどき意識してみよう。

CHECK!

『ノーマーク爆牌党』（片山まさゆき、竹書房）

片山まさゆきのマンガはキャラのポップさとシリアスなストーリーが噛み合っていていい。「ツキは存在するか」というテーマは『牌賊！　オカルティ』（竹書房）でさらに掘り下げられている。

『仏教思想のゼロポイント：「悟り」とは何か』（魚川祐司、新潮社）

仏教というのはいろんな宗派があって複雑だけど、開祖のゴータマ・ブッダが求めていた「悟り」とはどういうものか、という根本の部分を、シンプルに追求した本。

MORE!

『論理パラドクス　論証力を磨く99問』（三浦俊彦、二見文庫）

答えがうまく導き出せないパラドクスやジレンマを集めた本。モンティ・ホール・ジレンマなど人間の直感を裏切る問題がたくさん入っていて楽しい。終末論法が好き。

27 「意見の違う人間」がいる意味を考える

僕はヒマなときは大体ツイッターを見ている。見ても大した情報があるわけじゃないけれど、つい見るのをやめられない。軽い依存症かもしれない。

よく思うのは、ツイッター上にはいつも議論や言い争いが多いということだ。特に多いのは、政治的な問題についての論争だ。

◎なぜ「不毛な議論」が起こる？

世の中には、政治的に左寄りの人と右寄りの人がいて、いつまでも決着がつかず延々と喧嘩をしている。いい加減どちらが正しいか決着がついて、無益な争いがない新しい世の中が始まってもいいんじゃないかと、ときどき思う。

人間は、なぜ何百年も何千年も、こんな不毛な論争を繰り返しているのだろうか。

そんな政治に対する疑問が解けた本がある。

ジョナサン・ハイト『社会はなぜ左と右にわかれるのか』だ。

この本は、人がなぜ左と右に分かれて争うのかを、社会心理学者の著者が、人間の特性から説明した本だ。

著者は、思想的にはもともとリベラル（左）だったけれど、この本を書くことで、保守主義者（右）のことも理解できるようになったらしい。


なぜ、社会は左と右に分かれるのか。

その理由は、遺伝子によって左寄りの考え方になりやすい人と、右寄りの考え方になりやすい人がいるからだという。

教育や環境ではなく、遺伝子が原因だというのが意外だった。

それは、データでも確かめられているらしい。違う環境で育った一卵性双生児の双子を調べてみると、政治的傾向が似ていることが明らかに多いそうなのだ。

どんな遺伝子の違いがあるかというと、保守主義者はリベラルより、自分を脅かすもの（細菌や汚れや突発的なノイズなど）に対して強く反応する遺伝子を持っている。

また、リベラルは、新しい経験や感覚を強く求める遺伝子を持っているが、保守主義者はそうでもない。

つまり、脅威に対して鈍感で、自分をそれほど守ろうとせず、新しいものに好奇心を持ちやすい遺伝子を持っている人間が、リベラルになりやすいということなのだ。

リベラルになる人間は、保育園くらいの頃から「好奇心が強い」「独立心が強い」「攻撃的」などの特徴を持っているらしい。

◎右と左に分かれる基準

また、多くの社会では、左の勢力より右の勢力のほうが強いらしい。

その理由は、左より右の思想のほうが、人間の感じる「良いこと（ケア・公正・忠誠・権威・神聖・自由の6つ）」を多くカバーしているからだそうだ。

ただし、「左より右のほうが強い」といっても、それは右のほうが正しくて、左のほうが間違っている、ということではない。

社会は、両方がいてうまくバランスが取れているのだ。

たとえば、社会の中で右寄りの人が100%になったとしたら、社会が保守的になりすぎて、新しいものがまったく生まれなくなり、息苦しくて停滞した社会になりそうだ。

逆に、左寄りの人間が100%になったとしたら、みんなが自由で新しいことをやりすぎて、社会が崩壊してしまうかもしれない。

人間の社会には、左寄りの人も右寄りの人も両方いることが必要なのだ。

ある生物の集団が持っている遺伝子の全体のことを「遺伝子プール」と呼ぶ。

人類の遺伝子プールの中で、右寄りの遺伝子が多数派で、左寄りの遺伝子が少数派であるという今のバランスは、人類が長い時間をかけてたどり着いたちょうどいいバランスなのかもしれない。

ジョン・スチュアート・ミルは、リベラルと保守主義について、「健全な政治を

行うためには、秩序や安定性を標榜する政党と、進歩や改革を説く政党の両方が必要だ」と述べている。

『社会はなぜ左と右にわかれるのか』より

◎「ワイドショー」が生まれたワケ

違う意見を持った人間がいることの大事さについて解説した本を、もう一冊紹介したい。管賀江留郎《かんがえるろう》『冤罪と人類』だ。「かんがえるろう」という、人を食ったような著者名だけど、内容はいたって真面目な本だ。

この本のテーマは、「正義を求める心は、なぜ人を暴走させるのか」というものだ。戦時中に起きた浜松事件という冤罪事件を題材にして、進化心理学の手法を使いながら、その謎に迫っていく。

浜松事件は、〈拷問王〉と呼ばれた紅林麻雄《くればやしあさお》警部によって引き起こされた冤罪だ。紅林警部は拷問で無理やり自白を引き出して、数々の冤罪事件を作り出した。

紅林警部は別に自分の欲望のために拷問をしたのではない。彼なりに正義を追求しなければいけないという気持ちが、彼を拷問へと駆り立てた。人は自分の欲のために動いているときよりも、正義を背負ったときに暴走してしまうのだ。

そもそも、人はなぜ正義を求めるようになったのだろうか。

人は、助け合ったほうが生存に有利だから、助け合いを行うようになった。だけど、ただ単に他者を助けるだけだと、助けてもらうばかりで人を助けないずるい奴ばかりが得をしてしまう。これでは助け合いは成立しない。

なので、ずるい奴は助けないという対策が必要になった。これは、113ページで見たチスイコウモリもやっていたことだ。これが、ずるい奴を罰する心、つまり正義を求める心の起源だ。

小さい集団なら、誰がずるい奴かはわかりやすい。しかし、人間の場合は、社会が大きくなりすぎた。

だから、自分が見たものだけで判断するのではなくて、「あいつはずるい奴だ」という人から聞いた話を参考にする必要ができた。

これが噂話やゴシップの起源だ。

人間はなぜこんなに人の噂話が好きなのか。

なぜ、ワイドショーや週刊誌には誰かのゴシップばかりが取り上げられるのか。

それは、ずるい奴を排除することが、人間の集団には必要だったからなのだ。

ずるい奴を排除しないと、人間の集団は弱ってしまうから、人間はずるい奴を叩くとドーパミンが出て気持ちよさを感じるように進化してきたのだ。

◎はたして正義は本当に正義か

しかし、「ずるい奴を叩きたい」という道徳感情は、ときどき暴走してしまう。

「あいつは悪い奴だから叩かないといけない」と考えると、ドーパミンがドバドバ出て、楽しくて気持ちいい。あまりに気持ちよすぎるので、ときどきやりすぎてしまって、冤罪や虐殺を生み出してしまう。これが正義の恐ろしいところだ。

だからこそ、大恐慌により農民や都市貧民が最低限の生活を保てなくなったとき、大臣や財閥トップを暗殺するテロ事件が続発した。さらに、それを称賛する声が多数沸き起こった。テロをやったのも称賛したのも、共産主義者ではなく右翼である。

良いも悪いもない、何百万年の進化がもたらした平等を求める人間の本性がそうさせてしまったのである。

『冤罪と人類』より

二・二六事件や五・一五事件の青年将校たちも、正義のために立ち上がって人を殺したのだ。

人は正義を背負っているとき、平気で人を殺せるようになってしまう。

32ページで中島らもが言っていたように、「思想にラリってる」奴が一番タチが悪いのだ。

正しい物語は危険だ。わかりやすくて気持ちがいいから、みんな信じ込みたがってしまう。そして暴走を始めてしまう。

本当は、世の中に絶対に正しい物語なんていうのはないのだ。大体の場合は、みんなある程度正しくて、ある程度間違っているという、そんな曖昧な話ばかりだ。そんなわかりにくくてフニャフニャしたコンニャクみたいなのが、この世界だ。

正しい物語を求めてしまうのは、曖昧さに耐えられない人間の心の弱さなのだ。


だから、安易に正しい物語に飛びつくのではなく、どちらが正しいかはわからないままひたすら議論し続けるべきだ、と筆者は主張する。

たとえば、政治の場で野党が必要なのはそういう理由だ。どんな思想の誰が政権を取ったとしても、ずっと正しい判断を続けることは難しい。人間は必ずミスをする。

だからそのミスを指摘するために野党が必要となる。野党は政権を取る可能性がなくても、ひたすら与党にダメ出しをし続けるのが仕事だ。ミスを指摘する人がいないと、人間は暴走してしまうものだからだ。

裁判で弁護士が、検事の言うことに何でも反対するべき理由も同じだ。

民主主義というのは面倒でまどろっこしいものだけど、正しさの暴走を防ぐためには必要なシステムなのだ。

絶対的な正しさが存在しない世界というのは、どの意見を信用したらいいかよくわからなくて、グダグダとした言い合いが続いて、物事がなかなか決まらない曖昧な世界だ。それはあまり美しくない。

だけど、それでいいのだ。世界というのはそもそもそういう曖昧なものなのだから。その世界の曖昧さに目を背けて、わかりやすい正しさを求めてしまう心が、冤罪や虐殺を引き起こしてきた。人間は何が正しいかわからないまま、グダグダと言い合っているくらいがちょうどいいのだ。

自分の信じている正しさを、ときどき疑ってみるようにしよう。

CHECK!

『社会はなぜ左と右にわかれるのか』（ジョナサン・ハイト著、高橋洋訳、紀伊國屋書店）

この本では人間の道徳の起源を調べていくのだけど、人が神聖さに惹かれる心は、不潔さ（病原菌のリスク）を避けることが起源らしい。たしかに宗教的なものはみんな清潔だ。

『冤罪と人類』（管賀江留郎、ハヤカワ文庫ＮＦ）

多くの人が推理小説に夢中になるのは、因果関係を突き止めて真犯人を罰するのが、人間にとってすごく快感だからだ、という話が面白かった。人間は因果関係（＝物語）と正義が大好きだ。

MORE!

『チンパンジーの政治学』（フランス・ドゥ・ヴァール著、産経新聞出版）

「政治の起源は、人間性の起源より古い」と、この本は語る。チンパンジーのボス猿争いの様子は人間の権力闘争とまったく変わらなくて面白い。政治なんてそんなものなのだろう。

『血盟団事件』（中島岳志、文春文庫）

「一人一殺」をスローガンに掲げた暗殺集団、血盟団。若者たちは世を正そうとしてテロに走った。社会への閉塞感が爆発した例として、同じ著者の『秋葉原事件』（朝日文庫）も参考になる。

28

「死」を考えさせてくれる読書

普段の暮らしの中で、「死」について考えることはあるだろうか。

死というのは、誰もが避けたいけれど誰もが避けられない、人生で最大の問題だ。

だけど、みんな普段は、死なんてものは存在しないかのように振る舞っている。

死について口にすると、不謹慎だと言われたり、精神状態を心配されたりする。

死ぬことに比べれば、人生の悩みなんてたいていどうでもいいことなのに。


77ページでも書いたけれど、僕は小学生低学年くらいの頃、死がものすごく怖かった。

布団に入ったけれどなかなか眠れないとき、天井の木目をただ眺めながら、自分がそのうち死ぬということについてずっと考えていた。

自分はそのうち消えてなくなってしまうということ、そして、自分が消えても世界は今までと変わりなく続いていくこと。それがどうしようもなく理不尽に思えて、納得できなかった。不老不死になりたい、と強く願った。

その後、成長するにつれて、死について考える頻度は減っていったけれど、それでもずっと、死についての関心は強くあった。

僕が現実世界で成功したり、お金を稼いだりすることにあまり興味がなかったのは、どうせ死んでしまえばみんな一緒だ、と思っていたからかもしれない。

僕は周りの人が語りたがらない死について、本からたくさんのことを学んだ。

◎誕生日に読み返す本

高校生の頃に夢中になって読んで、今も定期的に読み返しているのが、山田風太郎《やまだふうたろう》の『人間臨終図巻』だ。

この本は、古今東西の著名人923人の死にざまを、死んだ年齢順に並べたという本だ。著者の山田風太郎は忍者同士がひたすら殺し合うという「忍法帖シリーズ」で有名になった人だけど、この本でも彼の人間に対するシニカルな視線が思う存分発揮されている。

僕は誕生日が来るたびに、同じ歳で死んだ有名人の項目を読むことにしている。

今、僕は42歳なので、42歳の項目を見てみる。楠木正成《くすのきまさしげ》（武将・戦に敗れて自害）、森有礼《もりありのり》（文部大臣・国粋主義者に刺殺される）、上田敏《うえだびん》（詩人・尿毒症）、プレスリー（ロカビリー歌手・薬びたりの生活を続けたのちに心臓発作）の4人が並んでいる。

みんなすごい人たちだ。しかし、たぶん僕のほうが、この人たちより長生きするだろう。死はどんなに偉大な人にもどんな大金持ちにも、平等にやってくる。

夏目漱石は、七月十五日付、在ニューヨーク厨川白村宛の手紙の中で、「上田敏くんが死にました。十三日に葬式がありました。人間は何時死ぬか分かりません。人から死ぬ死ぬと思われている私はまだぴんぴんしています」と書いた。その漱石も同じ年の十二月には死んでゆく。

『人間臨終図巻』より

この本に載っている人たちに比べたら、自分はまだ生きているだけラッキーだ。自分だって、どうせそのうち死ぬのだろうけど、生きているうちはせっかくだから精一杯生きよう、と読むたびに前向きな気持ちになれる。
この本は、古今東西の死に関する名言が章ごとに引用されているのもいい。

人間は正視することの出来ないものが二つある。太陽と死だ。——ラ・ロシュフーコー

『人間臨終図巻』より

◎死が「運次第」の世界

死が出てくるマンガも好きで、よく読む。医者マンガや登山マンガによい作品が多い。どちらも生き死にの話がよく出てくる。登山マンガには夢枕獏《ゆめまくらばく》原作、谷口ジロー作画の『神々の山嶺』など名作が多いのだけど、ここでは石塚真一《いしづかしんいち》『岳』を紹介したい。
このマンガは日本アルプスが舞台で、遭難した人を助ける山岳ボランティアをやっている島崎三歩が主人公だ。1話ごとに誰かが遭難して、三歩がそれを助けていく、という話なのだけど、結構な頻度で人が死んでしまう。

声が大きくて元気な三歩は、生きている人間に対するのと同じように、死んでしまった人にも、「よく頑張った！」と声をかけて抱きしめる。

本当に良く頑張ったね。オレは島崎三歩。山を登りに来たあなたのことを忘れないよ。約束する。

『岳』1巻より

人の命を軽視するわけじゃないけれど、山では死が身近にありすぎるので、必要以上に悲しみすぎないという、そんな態度がいい。

山での死というのは、殺人や事故と違って誰かのせいにはできないし、病気や老衰のように予想もできないし、突然に運次第でやってくるものだ。

だから、死んでしまっても誰かを恨んだりするという感じにはならなくて、「人は死ぬものだからしかたない、みんなよく頑張った」というカラッとした感じで取り扱っている。

本当はすべての死をそういうふうに取り扱えたらラクなのかもしれない。現実ではなかなか難しいことだけど。

◎どうやらみんな死ぬらしい

カズオ・イシグロの小説『わたしを離さないで』は、ある学園で暮らす少年少女たちの話だ。学園の中で彼らが、恋愛をしたり、友達と仲違いをしたり、将来に夢を持ったりという日常の様子が丁寧に描写されていくのだけど、実は彼らはある目的のために生かされていて、近い将来に死を運命づけられているのだ。

> いいですか、あなた方は誰もアメリカには行きません。映画スターにもなりません。先日、誰かがスーパーで働きたいと言っていましたが、スーパーで働くこともありません。あなた方の人生はもう決まっています。これから大人になっていきますが、あなた方に老年はありません。いえ、中年もあるかどうか……。
>
> 『わたしを離さないで』より

筆力があって登場人物の感情が細かくリアルに感じ取れるだけに、過酷な物語展開がつらい。どこかに救いがないかと探してみても、あまりない。

彼らはどうしてあんなに大人しく自分の運命を受け入れるのだろうか。

どうせ近いうちに死ぬのなら、生きていることが虚しくならないのだろうか。

そこまで考えて、ふと思う。どうせいずれ死ぬのは彼らだけじゃない。

僕らだってそのうち必ず死ぬ。本質的には何も変わらない。

ただ僕らは普段それを見ないようにして、忘れているだけだ。世界の本質はそのように残酷なものだ。

それでも生きる人間の意味というのは何なのだろうか。

もし彼らの人生に意味がないのなら、僕らの人生にも同じように意味がないのは確かだ。

死はネガティブなものだけど、死について考えることで、逆に生きることの貴重さが浮かび上がってくる。

人生とは何か。自分はどういうふうに生きていくべきか。

そういった本質的な問題は、日常の生活に追われているとよくわからなくなってしまう。

だけど、死について考えると、ハッと目が覚めたような気分になって思い出す。

よりよく生きるために、死についての本をときどき読んでみよう。

CHECK!

『人間臨終図巻』（山田風太郎、徳間文庫）

享年順に並んでいるので、最初は病死や事故死が多いけれど、後の巻になるにつれてだんだんと大往生に近いものが増えていく。老いて死ぬ準備としてこれからも読んでいきたい。

『岳』（石塚真一、小学館）

2巻に、1000メートルある垂直の崖を10日間かけて登る、という話が出てくる。怖すぎるしメチャクチャだ。でも、そこでしか得られないものがあるんだろう。少しうらやましい。

『わたしを離さないで』（カズオ・イシグロ著、土屋政雄訳、ハヤカワepi文庫）

主人公が語る、育った施設の記憶はとても美しい。自分にもこんな美しい子ども時代があったのだろうか。たぶんあったのだろう。全部忘れてしまったけど。

MORE!

『八本脚の蝶』（二階堂奥歯、河出文庫）

若い編集者が自殺直前までウェブで書き続けていた日記を本にしたもの。彼女はぎりぎりのところで生き続けるために、膨大な書物を読み、そして文章を書き続けていたのだ、と思った。

29

「体の声」が聴こえるか

本を読んだりパソコンに向かったりするばかりの毎日で、自分の体をついほったらかしにしてしまっていないだろうか。

僕自身も放置しがちなので、あまり偉そうなことは言えない。

だけどやっぱり、体を意識するのは大切なことだ。心が意識している以上のことを、体は教えてくれることがあるからだ。

たとえば、とても忙しく働いているときに、気持ちとしてはまだやれるつもりでいたのに、体調を崩して動けなくなることがある。

それは、自分が限界を超えていることを、体が教えてくれているのだ。体を無視して、気持ちだけでなんとかやっていこうとしても、うまくいかない。体と心は2つで1セットで、つながっていて切り離せないものだ。

◎体からの「だるい」サイン

僕はよく口癖のように「だるい」と言っている。

それは最近始まったことではなくて、子どもの頃からずっと、「なんとなくすべてがだるい」という気持ちを持ち続けていた。

昔はそのことに悩んでいた。

なぜ自分だけ、こんなにだるくて何もやる気がしないのだろうか。運動が嫌いだからだろうか。姿勢が悪いからだろうか。食生活のせいだろうか。自分の何が間違っているんだろうか……。


だるさをどうにかできないかと思い、ヨガ教室に行ったり、合気道の道場に通ってみたり、体の使い方に関する本をたくさん読んだり、試行錯誤を繰り返した。

そうした試行錯誤の末に行き着いたのは、「このだるさこそが、自分らしさなんじゃないか」という境地だった。

整体や武道に関する本を読むと、「身体は心が気づかないことを表している」という話がよく出てくる。

たとえば、思想家で武道家としても知られる内田樹《うちだたつる》は、『私の身体は頭がいい』という本で、「自分の身体は自分の頭よりも賢い」ということを言っている。

私の「頭」が、「この人は立派な人だ。尊敬に値する人だ」といくら主張しても、私の「身体」は「ぴっ、ぴっ。こいつバカだよ、ぴっ」と信号を発するのである。

そうはいっても、私もいちおうは社会人であるから、とりあえずは「頭」に従うことが多い。

だけど「身体」は執拗に文句を言い立てる。

その人のそばにゆくと鳥肌が立ち、じんましんが出て、夢の中で殴り殺したりする。

どうして、あんな「いい人」を夢の中で殺したりするのだろう、とわが無意識のあまりの野獣性に胸が痛むこともしばしばなのだが、これが驚いたことに、「頭」が保証したはずの「いい人」がやっぱり「致死的なバカ」であることがやがて現実の局面であらわに実証されるのである。

身体の方が正しく人物を見抜いていたのである。

そういうことを私はこれまでに何度も繰り返してきた。

『私の身体は頭がいい』より

身体によるセンサーのほうが頭で考えるよりも性能がいいのだ。

そして、武道をやることの意味もここにある、と内田さんは語る。

人を投げ飛ばしたり、剣を振ったりする技なんて、現代の生活ではほとんど使うことがない。

では、何のために武道をやるのか。

それは、身体というセンサーを鍛えて、判断能力を高めるためなのだ。

◎「体の直感」をどこまで信じるか

内田さんの文章を読んで、僕も「だるい」センサーでやりたいことをやりたくないことを判断しているな、と思った。

僕は大体いつもだるさを感じているけど、それでも本当にやりたいことがあるときはだるさなんてふっとんでいる。

もし、たいていのことがだるいとしたら、たいていのことは別にやらなくてもいいことなのかもしれない。

そういえば、だるいと感じるのは、自分は別にやりたくないけど、社会はやったほうがいいと言っている、ということばっかりだ。

他人がなんと言おうとも、世間にどう見られようとも、嫌なことは「だるい」と言ってやらないのが、自分の強みなのかもしれない。よくわからない誰かの言葉よりも、僕は自分の体のだるさを信じることにしたのだ。

しかし、「身体は心が知らないことを感じ取っている」という話には、一理あると思うのだけど、あまりそっち方面に行き過ぎると、スピリチュアル系になってしまって、それもよくないなと思う。

極端に偏らず、ちょうどいいバランスで物事を判断するにはどうすればいいのだろうか。

先に紹介した内田樹の『私の身体は頭がいい』というフレーズは、橋本治の『「わからない」という方法』という本の中で出てきた言葉を引用したものだ。

『「わからない」という方法』は、さまざまな物事の考え方や取り組み方を、「わからない」を中心にして語った本だ。

橋本治は小説、評論、古典の現代語訳から編み物の本まで、節操のないほど幅広く活動していたのだけど、その理由を「わからないから」と答える。

橋本さんは、わからないことがあると、「やってみよう」と思うらしいのだ。

この本の最後で橋本さんは、物事を考えるためには、「身体」と「経験」と「友人」の3つが重要だ、と語る。

私に重要なものは、身体と経験と友人で、それがなければ、脳味噌の出番なんかないのである。身体とは「思考の基盤」で、経験とは「たくわえられた思考のデータ」で、友人とは「思考の結果を検証するもの」である。身体と経験と友人の使いようが、「わからない」を「方法」にする――結論とはこればかりである。

身体とは知性するものである。脳は、「わからない」という不快を排除するが、身体という鈍感な知性の基盤は、「わかんないもんはわかんないでしょうがないじゃん」と、平気でこれを許容してしまう。であればこそ、身体は知性を可能にするのである。

『「わからない」という方法』より

身体による直感は大切だけど、直感だけを頼りにしていると、変な方向に偏ってしまう可能性がある。209ページのギャンブルの話で書いたように、直感は、ときどき間違えることがある。直感が合っているかどうか不安なとき、経験や友人を参考にすることで、自分が進んでいる道が正しいかどうかを検証できる。

橋本治にならって、僕も何かについて考えるときは、身体、経験、友人の3つを参考にするようにしている。
何かに迷ったときは、自分の体が違和感を感じていないかどうかを確かめてみよう。会社に行くときとか、人に会うときに体調が悪くなるとしたら、それはやめたほうがいいことなのかもしれない。
自分の体の声に敏感になろう。それがすこやかに生きるコツだ。

MORE!　CHECK!

『私の身体は頭がいい』（内田樹、文春文庫）

昔、内田さんのブログに「合気道は動く禅だ」と書いてあって、それを読んだ影響で合気道の道場に通ってみたことがある。結構楽しかった。

『身体感覚を取り戻す』（齋藤孝、ＮＨＫ出版）

「肚を決める」などと言うように、身体感覚と精神性はリンクしている。昔の日本人は腰・肚をしっかりと意識していた。揺るがない自己を確立するための身体感覚に迫る。

30 「自分の意見」を持ちながら、「自分は間違っている」と疑い続ける

自信を持って生きるためには、周りの言うことに軽々しく流されずに、自分自身の意見をしっかりと持つことが大切だ。

だけど、その一方で、他人の意見をあまり聞かないでいると、おかしな方向に暴走してしまったりもする。

その2つのあいだのバランスを取っていくことが大切なのだけど、なかなか難しい。

◎「役に立たないこと」を真剣に考える人たち

『約束された場所で』は、村上春樹《むらかみはるき》がオウム真理教の信者にインタビューしたものをまとめた本だ。地下鉄サリン事件の被害者にインタビューした『アンダーグラウンド』の続編

にあたる。

村上さんがこの本を書こうと思った理由は、「さまざまなテロや殺人を引き起こしたオウム真理教事件が起こったあとも、オウム的なものを生み出したこの社会のシステムは何も変わっていないのではないか」という危機感を感じて、オウム真理教についてもっと知らなければいけない、と思ったからだそうだ。

この本で取り上げられているのは、マスコミでよく取り上げられた幹部信者ではなく、もっと末端の、サリン事件などの犯罪が行われていたことすらも知らされていなかったような一般信者ばかりだ。オウムを一途に信じていた人もいれば、教団に疑問を持ちつつも信者でいた人もいる。

なぜ彼らは、オウム真理教の信者になったのだろうか。

インタビューを読んで感じるのは「みんな危険な人ではなさそうだ」ということだ。霊的なことや精神世界に興味があるというだけで、人を殺したりサリンを撒いたりするなんて、絶対にやりたくないという人ばかりだ。オウムのような平和な集団がそんな犯罪をしていたのは、いまだに信じられない、と言う人もいる。

ある信者の一人について、村上さんはこんなふうに語る。

彼女と話していると、この人にとってオウム真理教というのは、理想的な「容れもの」であったのだなと納得してしまう。たしかに「現世」で生きているよりは、教団に入って修行をしている方が、この人にとっては遥かに幸福であったに違いない。

『約束された場所で』より

世の中には、お金を稼いだり、人と競争したり、社会に認められたり、という現実的なことに興味が持てない人が一定数いる。

そういう人にとってオウムというのは、本当に興味のある自分の精神の内部をひたすら追求できる、理想的な環境だった。

社会の中には、そういう場所があってもいいと思うのだ。村上さんは「世の中の直接の役に立たないようなものごとについて、身を削って真剣に考える人達が少しくらいはいてもいいはずだ」と書いている。

ただ、それが純粋に精神世界を探求するだけの団体でとどまっていたならよかったのだけど、そこに教祖の麻原彰晃《あさはらしょうこう》の妄想的な人格が乗っかることで、殺人やテロへと至ってしまったのが問題だった。

◎「それはおかしい」と言えるか

オウム事件のことを考えると、「閉じた世界は怖い」という気持ちになる。

オウムは麻原彰晃が絶対的な権力を持っている独裁体制で、外部とも隔絶されていたため、麻原がおかしくなっていったときに止められる仕組みがなかった。

どんな人間だって間違うことはあるし、どんな組織だっておかしくなることはある。

大切なのは、おかしくなったときに「それはおかしい」と突っ込んでくれる「外部の目」だ。

閉じた人間や閉じた組織は、間違いを修正できなくなる。

だから、おかしくならないために大切なのは、外部とつながり続けることだ。

メンタルが弱かったり、プライドが高すぎたりすると、人の意見を受け入れられなくなってしまいやすい。だけど、その先にあまりいいことは待っていない。自分のことを批判してくれるような、友人や外部の人間に自分自身をさらすことを恐れてはいけない。

知性というのは、自分に対する批判に開かれている態度のことなのだ。

◎「閉じている」と「開いている」のあいだ

オウムに惹かれた信者たちのように、一般社会にうまくなじめない人はいつの時代も一定数はいるので、そうした人たちの受け皿になるような場所は必要だと思う。

しかし、それがオウムのように暴走することは防がないといけない。そのためには外部に開かれている必要がある。

だけど、ここで難しいのは、「人の受け皿になる場所はある程度閉じている必要がある」ということだ。

内部の結束が強くて居心地がいいほど、外部には排他的になるものだ。宗教、家族、会社など、人の受け皿となる場所はみんなある程度閉じている。閉じているからこそ居心地がいい。しかし、そのブラックボックスの中で、ときどきおかしなことが起こってしまう。結局、ある程度閉じているけれど、ある程度外部にも開かれている、という、そんな微妙なラインを探りつつ、なんとかやっていくしかないのだろう。

自分自身の考えを持つことと、自分は間違っているのかもしれないと疑い続けること。それはどちらも大切なことだ。

そして、読書というのはその2つのあいだを揺れ動き続ける行為なのだ。

CHECK!

『約束された場所で』（村上春樹、文春文庫）

この本の中で村上さんは、「小説家が小説を書くことと、彼らが宗教を求めることはとても似ている」と言う。それは、この世界の「本当の姿」を追い求めるということなのだろうか。

MORE!

『カルトの子』（米本和広、論創社）

オウム真理教、エホバの証人、統一教会、ヤマギシ会など、カルトの家庭で生まれた子どもたちを追った本。同じ著者がヤマギシ会について書いた『洗脳の楽園』（情報センター出版局）も面白い。

『オウム真理教の精神史』（大田俊寛、春秋社）

オウム真理教という特異な宗教のルーツを、「ロマン主義」「全体主義」「原理主義」という近代社会の基礎となる思想の中から探り、人の心を惹きつけた理由を解き明かす。

おわりに

人生で初めて、本を読んで強く衝撃を受けたときのことは今でも覚えている。

それは、中学2年生のときに読んだ、筒井康隆《つついやすたか》の『虚航船団』という小説だった。

この小説は、気の狂った文房具たちと残虐なイタチたちがひたすら殺し合うというメチャクチャな内容なのだけど、それが異常に面白かったのだ。

読み終わったあと、頭の中が真っ白になって、しばらく茫然としていた。

世の中には、こんなに訳がわからなくて、デタラメなものが存在するんだ。

この面白さに比べたら、学校とか社会とかどうでもいいな。

人と仲良くしたり誰かに評価されたりするよりも、一人で本を読んでいるほうが楽しい、とはっきり思うようになったのは、このときからだったと思う。

本当は、本を読むときに、「役に立つか、立たないか」なんていうことはどうでもいいことだ。

僕は本を読むことで救われてきたけど、別に救われたいと思って本を読んでいたわけじゃない。ただ、読むのがとても楽しかったから、夢中になって読んでいただけだ。

何か新しいことを知ることは、とても心がワクワクする。だから人は本を読む。

人間というのはとても飽きっぽい生き物だ。飽きっぽいから、常に変化を求めている。そうした、新しいものに対する好奇心が、人間の文明をここまで発展させてきた。

そして、その好奇心をもっとも手軽に満たしてくれるのが、読書だ。

読書によって自分の人生が大きく変わった、とは思う。だけど、読書によって自分自身が大きく変わったか、と言われると、そうでもない気がする。

読書は、「自分を変えてくれた」というよりも、「自分をより自分らしくしてくれた」というほうが近い。

まったく自分とかけ離れている本は、読んでも面白くない。

本を読んで面白いと感じるときは、その本の中に自分と重なり合う部分があったときだ。読書というのは、自分の中を覗き込む行為なのだ。

幼い頃から持っている基本的な性質は、大人になってもあまり変わらないものだ。その基本的な性質を、言語化して把握して、この世界の中でその性質をどんなふうに使っていけばいいか、ということを知るのに、読書は役に立つ。

「自分らしく自由に生きたい」というのはみんなが考えることだ。だけど、何も考えずに好きに行動しているだけでは、それを実現するのは難しい。自分らしく自由に生きるためには、言葉や知識が必要だ。なぜなら、この世界も人間も、言葉によって作られているからだ。

この世界の中で自由に生きるためには、自分の言葉を持つ必要がある。そうしないと、自由に生きているつもりでも、誰かの作った言葉に縛られているだけで、そこから逃れることができない。

自分の言葉を持つためには、そもそも自分を縛っている言葉がどういうものかを知らなければならない。

それはつまり、「自分が考えていることは、言語化するとどういうことなのか」とか「自分が考えていることは、この世界の中でどういう意味を持つのか」ということを知ることだ。そのときに役に立つのが、読書なのだ。

この本は、ダイヤモンド社の種岡健さんに「今まで読んできた本を紹介する本を書きませんか」と声をかけてもらって書いたものだ。

この本を書くために、今まで読んできたたくさんの本を読み返すことになったけれど、それはとても楽しい作業だった。全部自分が好きな本ばかりだからだ。

この本を読んでくれたあなたが、この本をきっかけとしてたくさんの面白い本に出会えたらいいなと思います。

最後まで読んでいただきありがとうございました。

pha

［著者］
pha（ファ）
1978年生まれ。大阪府出身。
現在、東京都内に在住。京都大学総合人間学部を24歳で卒業し、25歳で就職。できるだけ働きたくなくて社内ニートになるものの、28歳のときにツイッターとプログラミングに出合った衝撃で会社を辞めて上京。以来、毎日ふらふらと暮らしている。シェアハウス「ギークハウス」発起人。
著書に『しないことリスト』『知の整理術』（だいわ文庫）、『夜のこと』（扶桑社）などがある。
ウェブサイト　http://pha22.net/

人生の土台となる読書
――ダメな人間でも、生き延びるための「本の効用」ベスト３０

2021年11月16日　第1刷発行

著　者――pha
発行所――ダイヤモンド社
〒150-8409　東京都渋谷区神宮前6-12-17
https://www.diamond.co.jp/
電話／03·5778·7233（編集）　03·5778·7240（販売）
ブックデザイン―喜來詩織（entotsu）
DTP――――キャップス
校正――――円水社
製作進行――ダイヤモンド・グラフィック社
印刷／製本―勇進印刷
編集担当――種岡 健

ISBN 978-4-478-11155-0